创新型中等职业教育精品教材

美好生活 劳动创造：
中职生劳动教育教程

主编 雷振清 史宝庆 秦艳锋

内容提要

本书根据《关于全面加强新时代大中小学劳动教育的意见》和《大中小学劳动教育指导纲要（试行）》的要求编写而成，旨在帮助学生树立正确的劳动观念，使其懂得劳动最光荣、劳动最崇高、劳动最伟大、劳动最美丽的道理。本书除绪论外，分为理念篇和实践篇，共九个模块。其中，理念篇主要介绍了劳动精神、劳模精神、工匠精神、劳动权益、劳动安全等内容，实践篇主要介绍了家务劳动、校园劳动、志愿服务、社会实践等内容。

本书结构合理，内容系统全面，语言通俗易懂，并且配有典型案例，可作为中等职业学校劳动教育课程的教材。

图书在版编目（CIP）数据

美好生活　劳动创造 : 中职生劳动教育教程 / 雷振清，史宝庆，秦艳锋主编. -- 上海 : 上海交通大学出版社，2023.3（2024.9 重印）
ISBN 978-7-313-27972-9

Ⅰ. ①美… Ⅱ. ①雷… ②史… ③秦… Ⅲ. ①劳动教育—中等专业学校—教材 Ⅳ. ①G40-015

中国版本图书馆 CIP 数据核字(2022)第 222380 号

美好生活 劳动创造：中职生劳动教育教程

MEIHAO SHENGHUO LAODONG CHUANGZAO：ZHONGZHISHENG LAODONG JIAOYU JIAOCHENG

主　　编：雷振清　史宝庆　秦艳锋
出版发行：上海交通大学出版社　　地　　址：上海市番禺路 951 号
邮政编码：200030　　电　　话：021-64071208
印　　制：北京京华铭诚工贸有限公司　　经　　销：全国新华书店
开　　本：787 mm×1092 mm　1/16　　印　　张：13.5
字　　数：264 千字
版　　次：2023 年 3 月第 1 版　　印　　次：2024 年 9 月第 2 次印刷
书　　号：ISBN　978-7-313-27972-9
定　　价：39.80 元

本书编委会

主　编　雷振清　史宝庆　秦艳锋

副主编　张春燕　孙清娟　杨翼瑞

张　冲

前言

PREFACE

劳动是推动人类社会进步的根本力量，是人民美好生活的源泉。劳动教育是中国特色社会主义教育制度的重要内容，是德智体美劳全面培养的教育体系的重要组成部分，是大中小学必须开展的教育活动。

2020 年 3 月 20 日，中共中央、国务院发布《关于全面加强新时代大中小学劳动教育的意见》（以下简称《意见》）。《意见》阐释了加强劳动教育对培养新时代社会主义建设者和接班人的重大意义，明确了加强劳动教育的指导思想和基本原则，为深入推进新时代劳动教育指明了方向。2020 年 7 月 7 日，教育部印发《大中小学劳动教育指导纲要（试行）》，为全面贯彻党的教育方针、落实《意见》、具体开展劳动教育提供了行动指南。

为贯彻落实新时代国家对劳动教育的新要求，配合中等职业学校开展劳动教育，充分发挥劳动独特的育人价值，编者精心编写了本书。

本书具有以下特色。

1. 启智润心，铸魂育人

为了贯彻党的二十大精神，落实立德树人根本任务，本书在各模块首页设有“素质目标”，从宏观上帮助学生树立正确的世界观、人生观和价值观，引导学生崇尚劳动、尊重劳动、热爱劳动；在正文中设有“青春风采”“榜样力量”等栏目，大力弘扬崇尚劳动、热爱劳动、辛勤劳动、诚实劳动的劳动精神，帮助学生牢固树立以辛勤劳动为荣、以好逸恶劳为耻的劳动观，促使学生全面发展、健康成长。

2．校企合作，工学结合

本书是在一线“双师型”教师和企业专职人员的支持与参与下编写而成的，在知识点和案例部分有机融入了具有指导性的知识和技能，以引导学生创造性地解决实际问题，为未来职业发展积累知识和经验。例如，在“劳动安全，筑牢防线”中，介绍了一些急救常识；在“家务劳动，自立自强”中，介绍了衣物清洗、熨烫、缝补、收纳的技巧以及冷菜、热菜的制作方法；在“校园劳动，美化环境”中，介绍了如何进行垃圾分类；等等。又如，“中职学生为濒死患者争取抢救时间”“‘00 后’将家务劳动玩出了‘花样’”等案例，生动地展示了学生如何将理论运用于实践及如何创造性地解决问题。

3．全新理念，易教易学

本书每个模块开篇设有“课堂导入”栏目，通过介绍典型案例或者描述某种现象，引出本模块将要介绍的内容，使学生带着问题学习理论知识。本书的知识点讲解部分不仅设有“劳动小贴士”“案例在线”“知识链接”等栏目，还设有“探究与分享”栏目，这些栏目不但可以加深学生对理论知识的理解，拓宽学生的知识面，还可以起到活跃课堂气氛的作用。此外，为了引导学生积极进行劳动实践，提高实践能力和职业技能，本书每个模块末尾还设有“实践活动”栏目。

4．平台支撑，资源丰富

本书配有丰富的数字资源，读者可借助手机或其他移动设备扫描书中二维码观看微课视频，也可登录文旌综合教育平台“文旌课堂”（www.wenjingketang.com）查看和下载本书配套资源，如优质课件、教案等。读者在学习过程中有任何疑问，都可以登录该平台寻求帮助。

本书由雷振清、史宝庆、秦艳锋担任主编，张春燕、孙清娟、杨翼瑞、张冲担任副主编。在编写过程中，我们参考了大量的资料。部分资料来自网络，我们未能确认出处，也暂时无法联系到原作者。对此，我们深表歉意，并欢迎原作者随时与我们联系，我们将按规定支付酬劳。

由于编者经历和水平有限，书中存在的疏漏和不妥之处，诚请广大读者批评指正。

目录
CONTENTS

实践篇

绪　论

劳动光荣，奋斗最美

劳动是人类最基本的实践活动，是人类创造物质财富和精神财富的重要手段。加强劳动教育是继承和发展马克思主义理论、实现中华民族伟大复兴中国梦的关键，是学校立德树人的内在要求，是构建德智体美劳全面培养的教育体系的必然要求。通过接受劳动教育，学生能够正确认识劳动，理解劳动的价值和意义，树立正确的劳动观，进而成长为德智体美劳全面发展的社会主义建设者和接班人。

知识目标

- 了解劳动的含义、分类和价值。
- 了解劳动教育的主要内容、意义、基本原则和总体目标。

素质目标

- 了解二十四节气的由来，认识古代中国在农业科学和天文科学方面的辉煌成就，增强民族自信心和自豪感。
- 树立正确的劳动观，积极参加劳动教育。

课堂导入

劳动创造美好生活

经过全国人民的持续奋斗，2021 年，我国全面建成小康社会，历史性地解决了绝对贫困问题。

在全面建成小康社会的过程中，众多普通劳动者用勤劳的双手，创造了属于自己的美好生活，实现了脱贫致富奔小康：

烈日炎炎，农民在田野间劳作，汗珠砸在泥土上，一株株秧苗茁壮成长并结出沉甸甸的粮食；天寒地冻，外卖小哥骑着电瓶车在大街小巷穿梭，虽然头盔染上了白霜，但是保温箱里的饭菜仍热气腾腾；冬去春来，教师始终站在三尺讲台上，陪着孩子们成长；花开花落，科技工作者不分昼夜坚守在实验室里，验证一个个奇思妙想……日复一日，年复一年，在中华大地上，千千万万劳动者耕耘着，创造着，用汗水和心血浇灌着劳动果实，实现着人生价值。

劳动创造美好生活，劳动成就美好明天。图 0-1 所示的三双手中，一双手倒刺丛生，指尖上沾着泥土；一双手粗糙，被划破的伤口还未痊愈；还有一双手因长年被冷水和腌料浸泡，又红又肿。

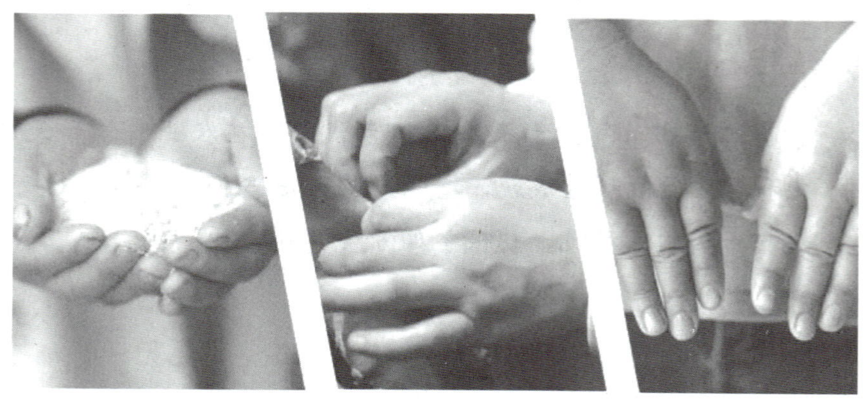

图 0-1 辛勤的双手

这三双手的主人分别是张早琴、洪桂英和于小葵。她们都是劳动者，分别从事种植、养殖和农产品加工工作。她们的双手体现了劳作的艰辛和生活的不易。然而，正是这样一双双饱经风霜的手日复一日地辛勤劳作，

才使我国如期完成新时代脱贫攻坚目标任务。她们靠自己的双手改善了自己的生活，改变了乡村的面貌。

（资料来源：http://cndcaheb.org.cn/article/11574/cid/67.html，有改动）

【想一想】

（1）什么是劳动？劳动的价值是什么？

（2）为什么说劳动创造美好生活？结合你的见闻，谈谈你对“劳动创造美好生活”的理解。

01 第一讲 劳动创造价值

一、劳动的含义

劳动是人类改变劳动对象，使之满足自己需要的有目的的活动。马克思认为，劳动首先是人和自然之间的过程，是人以自身的活动来引起、调整和控制人和自然之间的物质变换的过程。人自身作为一种自然力与自然物质相对立。人为了满足自身生活的需要而占有自然物质，就必须使自己身上的自然力——臂和腿、头和手运动起来。

劳动是创造价值的唯一源泉，人类的一切收获均来自劳动。凭借勤劳的双手，人类的祖先生起一团火，告别茹毛饮血的时代，迈向新的生活；凭借勤劳的双手，中华民族的先民们“烁金以为刃，凝土以为器”，用汗水与智慧开启了灿烂的中华文明；凭借勤劳的双手，中国人民在中国共产党的领导下，自力更生、发愤图强、锐意进取，取得了革命、建设、改革的伟大成就，全面建成了小康社会，共同创造着幸福生活。

二、劳动的分类

劳动是人类社会存在和发展的最基本条件，在人类社会形成的过程中起了决定性作用。按照不同的分类标准，可将劳动分为不同的类型。

（一）生产劳动和非生产劳动

按劳动的自然形态划分，可将劳动分为生产劳动和非生产劳动。生产劳动为非生产劳动提供了存在和发展的条件，而非生产劳动又为生产劳动的发展提供了精神动力和智力支持。

生产劳动是指创造物质财富的劳动，包括直接作用于劳动对象的工人、农民、工程师等劳动者的劳动，如工业和农业生产中的劳动（见图 0-2），以及生产过程在流通领域中继续的那部分劳动（如产品的分类、加工、包装、保管等），也包括间接作用于劳动对象的劳动者的劳动，如劳动管理、技术管理、人事管理、工艺流程设计等。

非生产劳动是指不创造物质财富的劳动，如教师教学（见图 0-3）、演员表演等服务性劳动。非生产劳动不是人类社会一开始就有的，而是随着生产劳动的发展和人类对精神生活、医疗教育等各方面需求水平的不断提高而出现的。非生产劳动与生产劳动一样，是社会分工体系中不可缺少的部分，对促进经济繁荣、社会进步和丰富人民生活有重要作用。

图 0-2　农业生产中的劳动

图 0-3　教师教学

（二）体力劳动和脑力劳动

按体力活动和脑力活动在劳动中所占的比例划分，可将劳动分为体力劳动和脑力劳动。体力劳动是指以使用或消耗体力为主的劳动，脑力劳动是指以使用或消耗脑力为主的劳动。

体力劳动是脑力劳动的基础，脑力劳动支配体力劳动，两者共同创造劳动价值。在具体劳动中，体力劳动和脑力劳动共同存在，人的任何劳动都是体力和脑力同时消耗的过程。例如，种植水稻（见图 0-4）虽然以体力劳动为主，但仍然需要人通过脑力劳动来确定种植位置、施肥时机、肥料种类等；写作（见图 0-5）虽然以脑力劳动为主，但仍然需要人用双手在纸张上书写或者利用键盘在计算机中书写。

图 0-4 种植水稻

图 0-5 写 作

（三）具体劳动和抽象劳动

按劳动创造的价值形态划分，可将劳动分为具体劳动和抽象劳动。

具体劳动是指生产的目的、操作方法、劳动对象和劳动手段互不相同的、创造不同使用价值的劳动。例如，木匠用斧、锯等劳动工具对木材进行加工（见图 0-6），生产出桌、椅、床等劳动产品；纺织工人用织布机、剪刀等劳动工具纺纱织布。具体劳动反映人和自然的关系，是劳动的自然属性。

图 0-6 加工木材

抽象劳动是指撇开各种具体形式的、一般的、无差别的人类劳动，即人的脑力和体力在商品生产中的消耗。抽象劳动反映商品生产者之间的经济关系，是劳动的社会属性。在商品经济中，当人们的经济联系通过劳动产品的相互交换来实现时，耗费在这些劳动产品上的人类劳动才能被当作一般人类劳动而被抽象出来。抽象劳动是形成商品价值的源泉，是商品经济所特有的。

劳动小贴士

具体劳动和抽象劳动是统一且对立的。一方面，商品生产者在进行具体劳动的同时也在进行抽象劳动，两者在时间和空间上都是统一且不可分割的；另一方面，具体劳动和抽象劳动是生产商品时劳动的两种不同属性，对应的分别是劳动的自然属性和社会属性。

（四）简单劳动和复杂劳动

按劳动的复杂程度划分，可将劳动分为简单劳动和复杂劳动。简单劳动是指在一定社会条件下，不必经过专门的学习和训练，每个正常的劳动者都能从事的劳动。复杂劳动是指经过专门的学习和训练后，掌握一定知识和技能的劳动者才能从事的劳动。

从马克思主义劳动价值论的角度看，在同等条件下，复杂劳动所创造的价值比简单劳动所创造的价值大。这是因为复杂劳动背后存在教育成本、实验成本等，它不仅包括劳动者的直接劳动，还包括技术研发、知识传授、管理等间接劳动。

探究与分享

作家创作文艺作品属于什么劳动？印刷厂的工人将作家创作的文艺作品印制成书籍属于什么劳动？

三、劳动的价值

劳动具有两个方面的价值：一方面是对个人的价值，另一方面是对社会的价值。

（一）劳动对个人的价值

1．劳动是知识的源泉

劳动是获取知识的重要途径之一。在劳动实践中，人们会总结出许多实用的知识。例如，我国古代劳动人民在农业劳动中不断总结农耕生产和气候变化的关系，从而形成了“立夏不下，桑老麦罢”“谷雨前后，种瓜点豆”等有关二十四节气的知识。

知识链接

二十四节气

二十四节气是我国古代劳动人民根据天文学、气象学和长期农业生产的实践经验总结创作而成的，为我国古代农业生产提供了重要的指导，甚至影响着人们的衣、食、住、行，是我国历史文化长河中的一颗璀璨明珠。为了便于记忆，古人将二十四节气编成歌诀：

春雨惊春清谷天，夏满芒夏暑相连。

秋处露秋寒霜降，冬雪雪冬小大寒。

表 0-1 为二十四节气表。

表 0-1 二十四节气表

季节	项目						
春季	节气名称	立春	雨水	惊蛰	春分	清明	谷雨
	节气日期	2月4日或3日	2月19日或18日	3月6日或5日	3月21日或20日	4月5日或4日	4月20日或19日
夏季	节气名称	立夏	小满	芒种	夏至	小暑	大暑
	节气日期	5月5日前后	5月21日或20日	6月6日或5日	6月22日或21日	7月7日或8日	7月23日或22日
秋季	节气名称	立秋	处暑	白露	秋分	寒露	霜降
	节气日期	8月8日或7日	8月23日或24日	9月8日或7日	9月23日或22日	10月8日前后	10月24日或23日
冬季	节气名称	立冬	小雪	大雪	冬至	小寒	大寒
	节气日期	11月8日或7日	11月23日或22日	12月7日或6日	12月22日或21日	1月6日或5日	1月20日或21日

（资料来源：https://www.cihai.com.cn/baike/detail/72/5352397?q=%E4%BA%8C%E5%8D%81%E5%9B%9B%E8%8A%82%E6%B0%94，有改动）

2. 劳动是培养个人社交能力的途径

劳动是人最重要、最基本的活动形式，也是人形成社会关系的重要途径。大多数劳动需要通过集体来完成，参加劳动的人需要合理分工、紧密合作。在这一过程中，人们通过交流、合作，学会与他人和谐共处，培养个人社交能力，与他人建立良好的人际关系。

3. 劳动是促进个人全面发展的动力

劳动可以从以下几个方面促进个人全面发展：

（1）强健体魄。个人在参加体力劳动的过程中可以活动筋骨、强健体魄。例如，在打扫宿舍（见图 0-7）时，扫地、拖地、擦桌子、擦窗户等劳动可以使人的肢体得到一定强度的锻炼。

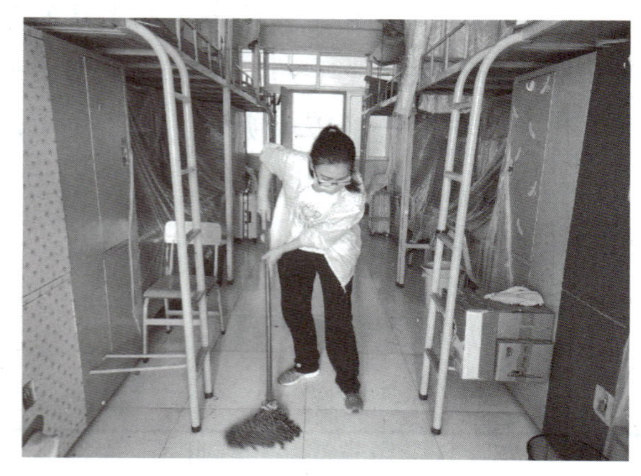

图 0-7　打扫宿舍

劳动是促进个人全面发展的动力

（2）锻炼思维能力。劳动是一种以成果为目标的特殊活动，有助于锻炼人的思维能力。例如，在生产劳动中，人们会尝试采用各种方法来提高生产效率，这在无形中锻炼了人的思维能力，促进人的思维的发展。

（3）磨炼意志。意志是指人自觉地确定目的，并根据目的来支配、调节自己的行动，克服困难，达到预定目的的心理过程。在古代，人们为了生存，必须开展各类生产劳动，以换取生活资料，但是在劳动过程中，往往会面临许多困难。人们在解决困难的过程中，会逐渐磨炼自己的意志。例如，我国古代农民为了种好庄稼，必须与各种自然灾害（如洪水、干旱、蝗灾等）做斗争，从而形成了中华民族艰苦奋斗、自强不息的民族精神。

（4）提高自身综合能力。学生积极参加学生会或社团活动（见图 0-8），或者利用节假日参加社会实践活动，不仅能够丰富自己的生活经验，还能够提高自己的生活自理能力、语言表达能力、社会适应能力等多方面的能力。

图 0-8 参加社团活动

探究与分享

由于在家时父母包办了所有的家务，一些学生不会洗衣服、打扫卫生等，在刚入学时无法适应校园生活。

请问：对于具有以上情况的同学，你有什么建议？

（5）培养良好品质。人只有参加劳动实践，才能够深刻体会劳动过程的艰辛，深刻理解劳动成果的来之不易，从而形成吃苦耐劳、勤俭节约等良好品质。

4. 劳动使个人实现自我价值

劳动是实现自我价值的重要途径。通过辛勤劳动获取的劳动成果，不仅能满足个人的物质需求，更能满足个人的精神需求。例如，作家写出一本好书，厨师做出一桌美味菜肴，科学家取得重大科研成果，他们不仅能获得经济收入，还能获得巨大的成就感和满足感，实现自我价值。

此外，许多志愿者在劳动时并不以获取报酬为目的。他们通过个人劳动为社会发展和祖国建设贡献自己的力量，在无私奉献中实现自我价值。

案例在线

劳动淬炼成长 实践创造幸福

2022 年 4 月 28 日—5 月 4 日，郑州市商贸管理学校在全校开展了“劳动淬炼成长 实践创造幸福”劳动教育主题实践活动，通过形式多样的活动，让学生动手实践、出力流汗，接受锻炼、磨炼意志，从而培养正确的劳动观和良好的劳动品质，成为德智体美劳全面发展的社会主义建设者和接班人。

4 月 28 日上午，各班开展了以“劳动淬炼成长 实践创造幸福”为主题的班会，激发学生的劳动热情，启迪创新创造思维，使学生充分了解劳动教育的内涵和意义，了解马克思主义劳动观，促进学生全面发展。

4 月 28 日下午，各班开展了集体大扫除劳动实践活动，包括打扫卫生（见图 0-9）、垃圾分类、整理图书等，使每个学生都能参与劳动，做到“人人有事做，事事有人做”。

图 0-9 打扫卫生

4 月 29 日—5 月 4 日，各班开展了以“家务我来做，争当小能手”为主题的家务劳动教育活动。活动中，有的学生在家进行了一次大扫除，有的学生给家人做了一顿饭，等等。通过本次活动，学生不仅增强了主动分担家务的自觉性和责任感，也深刻地感受到了父母的辛勤付出。

（资料来源：http://school.zzedu.net.cn/xygjj/05/16874278.shtml，有改动）

（二）劳动对社会的价值

1. 劳动是人类社会存在和发展的基础

一方面，人类生存所需要的食物、衣服、住房等基本的物质生活资料只有通过生产劳动才能获得。另一方面，为了追求更好的物质和精神享受，人类通过非生产劳动，不断总结经验并进行创新活动，推动科学技术和社会文化发展，促进人类社会进步。

2. 劳动是创造社会财富的途径

社会财富是指劳动者在生产过程中创造的、具有使用价值的劳动产品。人类通过劳动，可以改变自然物原本的形态和性质，进而将其转化为可以为人类所利用的社会财富。

3. 劳动是推动人类社会不断发展的力量

人类在生产劳动实践中不断积累生产经验，改进生产工具和生产技术，从而推动了生产力的发展、生产方式的变革和整个社会的进步。例如，英国发明家詹姆斯·瓦特发现原有的蒸汽机耗煤多、效率低的原因是绝大部分蒸汽没有被有效利用，据此，他发明了与气缸分离的冷凝器，对原有的蒸汽机进行了改良，从而大大提高了蒸汽机的工作效率，推动了第一次工业革命的发展，人类社会也因此进入了“蒸汽时代”。

此外，人类在劳动中创作的各种优秀的作品，也在一定程度上推动了社会发展。例如，《资本论》和《共产党宣言》等著作为人类指明了除资本主义外的一条新的发展道路，对人类社会的发展产生了深远影响。

02 第二讲 加强劳动教育

开展劳动教育，就要在学生中弘扬劳动精神，教育引导学生崇尚劳动、尊重劳动，使其懂得劳动最光荣、劳动最崇高、劳动最伟大、劳动最美丽的道理，并且长大后能够辛勤劳动、诚实劳动、创造性劳动。

一、劳动教育的主要内容

劳动教育的主要内容包括日常生活劳动教育、生产劳动教育和服务性劳动教育。

劳动教育的主要内容

（一）日常生活劳动教育

日常生活劳动教育立足个人生活事务处理，结合开展新时代校园爱国卫生运动，培养学生的生活能力和良好卫生习惯，帮助学生树立自立自强意识。

（二）生产劳动教育

通过生产劳动教育，让学生在工农业生产过程中直接经历物质财富的创造过程，体验从简单劳动、原始劳动向复杂劳动、创造性劳动的发展过程，学会使用工具，掌握相关技术，感受劳动创造价值，增强产品质量意识，体会平凡劳动中的伟大。

（三）服务性劳动教育

通过服务性劳动教育，让学生利用知识、技能等为他人和社会提供服务，在服务性岗位上见习实习，树立服务意识，实践服务技能；在公益劳动、志愿服务中强化社会责任感。

案例在线

延安职业技术学院组织开展劳动教育实践活动

2022 年 5 月，延安职业技术学院中职教育中心组织 2020 级全体学生赴安塞区南沟劳动教育实践基地开展劳动教育实践活动。

中职教育中心主任薛某表示，要将劳动教育落到实处，让学生在劳动中培养良好品德，在劳动中健康成长。在活动中，学生们认领了责任田，在教官和农艺师的指导下有序地翻地（见图 0-10）、打垄、播种等。随后，学生们参观了中华农耕文化长廊，了解了中华农业文明的发展。

图 0-10 翻 地

此次实践活动，充分激发了学生的劳动兴趣，让他们体会到了劳动的艰苦，也认识到了劳动的价值和意义。

（资料来源：http://www.yapt.cn/info/1049/3342.htm，有改动）

二、劳动教育的意义

（一）劳动教育是实现中国梦的强大助推力量

马克思主义理论认为人民群众是历史的创造者，即劳动者通过劳动推动社会历史的发展。劳动者通过不断探索创新，推动国家和民族在文化、科技等诸多领域一次次实现重大突破。正是中华民族一代又一代的劳动者不懈努力，铸就了中华民族的辉煌历史，推动着中华民族走上繁荣富强的复兴之路。

劳动开创未来，奋斗实现梦想。“以劳动托起中国梦”，根本上要靠劳动者的辛勤劳动、诚实劳动和创造性劳动。学生对劳动的认知，对待劳动的态度和对劳动习惯、劳动技能的培养，将影响民族和国家的未来。学校开展劳动教育，可以帮助学生形成正确的劳动价值观和良好的劳动品质，使其明白美好生活要靠劳动创造，只有坚持努力奋斗，才能实现中华民族伟大复兴的中国梦。

劳动小贴士

在马克思主义理论中，人民群众是一个历史范畴，是指一切对社会历史起推动作用的人。在阶级社会中，人民群众包括一切对历史发展起促进作用的阶级、阶层和社会集团。人民群众这个概念在不同的国家和各个国家的不同历史时期，有着不同的内容。但不论在任何国家和任何历史时期，人民群众的主体始终是从事物质资料生产的劳动群众和劳动知识分子。

（二）劳动教育是培养合格的社会主义建设者和接班人的途径

马克思在《资本论》中说："未来教育对所有已满一定年龄的儿童来说，就是生产劳动同智育和体育相结合，它不仅是提高社会生产的一种方法，而且是造就全面发展的人的唯一方法。"中共中央、国务院发布的《关于全面加强新时代大中小学劳动教育的意见》指出："劳动教育是中国特色社会主义教育制度的重要内容，直接决定社会主义建设者和接班人的劳动精神面貌、劳动价值取向和劳动技能水平。"当前我国正处于实现"两个一百年"奋斗目标的战略机遇期和历史交汇期，劳动教育被赋予了新的时代内涵和历史使命，在学校人才培养和社会主义现代化建设中具有重要而深远的意义。

当代学生应主动接受劳动教育，树立正确的劳动观念，培养必要的劳动能力和素质，养成良好的劳动习惯和品质，弘扬劳动精神，树立"以天下为己任"、舍我其谁的责任意识，努力成为合格的社会主义建设者和接班人。

（三）劳动教育是学校立德树人的重要载体

国无德不兴，人无德不立。育人的根本在于立德。立德树人是一种先进的教育理念，其要义是培养德才兼备、全面发展的高素质人才。劳动教育以帮助学生树立正确的劳动观念、学习劳动技能、塑造良好的人格和品德、培养正确的价值观念为目标，与学校立德树人这一根本任务相辅相成。

为了落实立德树人根本任务，各个学校在中国共产党的领导下努力构建德智体美劳全面培养的教育体系，全面开设劳动教育课程，培养学生正确的劳动观念和实用的劳动技能，让学生在"立德树人"的教育理念下实现全面发展，从而源源不断地为改革开放事业和社会主义现代化建设提供人才资源和智力支撑。

（四）劳动教育是学生成长成才的需要

劳动教育具有树德、增智、强体、育美的综合育人价值。学校开展劳动教育，可以使更多学生走出教室、走出宿舍、走到户外，在劳动中锻炼身体、舒展心扉，从而达到强健体魄、丰富精神世界、提高道德品质、陶冶审美情操的目的。

此外，学校开展劳动教育，有利于学生灵活运用各种理论知识解决实际问题，在创造性劳动的基础上，实现发明创造；有利于学生在体味艰辛、挥洒汗水中塑造良好的心理素质，在艰苦奋斗、顽强拼搏中磨炼意志，从而获得受益终生的宝贵精神财富；有利于学生在国家需要与个人价值实现、专业学习与岗位匹配等方面找到平衡，形成自主、多元、积极的就业观，强化创业创新意识和能力。

探究与分享

通过劳动教育掌握一定的劳动技能固然重要，但更为重要的是，劳动者在劳动实践过程中，会因获得丰硕的劳动成果而感到满足，进而体会到劳动的价值，切实感受到劳动光荣、劳动让人幸福、劳动让人身心全面发展。

你认同上述观点吗？请结合自身经历谈谈理想的劳动教育应达到的目的。

三、劳动教育的基本原则

（一）把握育人导向

坚持中国共产党的领导，围绕培养担当民族复兴大任的时代新人，着力提升学生的综合素质，促进学生全面发展、健康成长。把准劳动教育价值取向，引导学生树立正确的劳动观，崇尚劳动、尊重劳动，增强对劳动人民的感情，报效国家，奉献社会。

（二）遵循教育规律

符合学生年龄特点，以体力劳动为主，注意手脑并用、安全适度，强化实践体验，让学生亲历劳动过程，提升育人实效性。

（三）体现时代特征

适应科技发展和产业变革，针对劳动新形态，注重新兴技术支撑和社会服务新变化。深化产教融合，改进劳动教育方式。强化诚实合法劳动意识，培养科学精神，提高创造性劳动能力。

（四）强化综合实施

加强政府统筹，拓宽劳动教育途径，整合家庭、学校、社会各方面力量。家庭劳动教育要日常化，学校劳动教育要规范化，社会劳动教育要多样化，形成协同育人格局。

（五）坚持因地制宜

根据各地区和学校实际，结合当地在自然、经济、文化等方面的条件，充分挖掘行业企业、职业院校等可利用资源，宜工则工、宜农则农，采取多种方式开展劳动教育，避免“一刀切”。

四、劳动教育的总体目标

为加快构建德智体美劳全面培养的教育体系，2020 年 7 月，教育部印发《大中小学劳动教育指导纲要（试行）》（以下简称《指导纲要》）。《指导纲要》明确提出劳动教育的总体目标是准确把握社会主义建设者和接班人的劳动精神面貌、劳动价值取向和劳动技能水平的培养要求，全面提高学生劳动素养，使学生树立正确的劳动观念、具有必备的劳动能力、培育积极的劳动精神、养成良好的劳动习惯和品质。

（1）树立正确的劳动观念。使学生正确理解劳动是人类发展和社会进步的根本力量，认识劳动创造人、创造价值、创造财富、创造美好生活的道理，尊重劳动，尊重普通劳动者，牢固树立劳动最光荣、劳动最崇高、劳动最伟大、劳动最美丽的思想观念。

（2）具有必备的劳动能力。使学生掌握基本的劳动知识和技能，正确使用常见的劳动工具，增强体力、智力和创造力，具备完成一定劳动任务所需要的设计能力、操作能力及团队合作能力。

（3）培育积极的劳动精神。使学生领会“幸福是奋斗出来的”内涵与意义，继承中华民族勤俭节约、敬业奉献的优良传统，弘扬开拓创新、砥砺奋进的时代精神。

（4）养成良好的劳动习惯和品质。使学生能够自觉自愿、认真负责、安全规范、坚持不懈地参与劳动，形成诚实守信、吃苦耐劳的品质，珍惜劳动成果，养成良好的消费习惯，杜绝浪费。

实践活动——“致敬普通劳动者”主题活动

没有环卫工，哪有干净整洁的街道；没有保安，哪有祥和平安的小区……任何一座美丽的城市，都离不开基层劳动者辛勤的汗水和无私的付出。只要是为社会创造价值，服务于民的人，就是光荣的劳动者；只要是劳动者，就该得到应有的尊重。

5～8 人为一组，以小组为单位选择一个普通劳动群体，开展“致敬普通劳动者”主题活动。致敬的形式不限，既可以是发动社会力量为普通劳动者谋求福利，也可以是向普通劳动者献花或送水果等慰问品。要求：以视频的形式记录活动过程；活动结束后，在课堂上播放该视频，其他学生可根据视频中的内容进行提问。

活动记录

所选劳动者群体：

致敬形式：

活动计划：

活动开展难点及解决方案：

心得体会（500字以上）：

学习成果评价

请进行学习成果评价，并将评价结果填入表 0-2 中。

表 0-2 学习成果评价表

<table>
<tr><td>班级</td><td></td><td>姓名</td><td></td><td>学号</td><td></td></tr>
<tr><td rowspan="2">评价项目</td><td colspan="2" rowspan="2">评价内容</td><td rowspan="2">分值</td><td colspan="2">评分</td></tr>
<tr><td>自我评分</td><td>教师评分</td></tr>
<tr><td rowspan="4">知识
40%</td><td colspan="2">劳动的含义和分类</td><td>10</td><td></td><td></td></tr>
<tr><td colspan="2">劳动的价值</td><td>10</td><td></td><td></td></tr>
<tr><td colspan="2">劳动教育的主要内容和意义</td><td>10</td><td></td><td></td></tr>
<tr><td colspan="2">劳动教育的基本原则和总体目标</td><td>10</td><td></td><td></td></tr>
<tr><td rowspan="4">技能
40%</td><td colspan="2">实践活动形式新颖</td><td>5</td><td></td><td></td></tr>
<tr><td colspan="2">实践活动氛围和谐，能与劳动者热情互动</td><td>10</td><td></td><td></td></tr>
<tr><td colspan="2">实践活动实施效果佳，能够真正起到慰问作用</td><td>15</td><td></td><td></td></tr>
<tr><td colspan="2">视频制作精美，内容积极向上，具有一定的鼓舞性、激励性和感染力</td><td>10</td><td></td><td></td></tr>
<tr><td rowspan="4">素养
20%</td><td colspan="2">仪容仪表得体</td><td>5</td><td></td><td></td></tr>
<tr><td colspan="2">具备团队精神，能够积极与他人合作</td><td>5</td><td></td><td></td></tr>
<tr><td colspan="2">积极、认真参加实践活动</td><td>5</td><td></td><td></td></tr>
<tr><td colspan="2">具备良好的学习态度</td><td>5</td><td></td><td></td></tr>
<tr><td colspan="3">合计</td><td>100</td><td></td><td></td></tr>
<tr><td colspan="3">总分（自我评分×40%+教师评分×60%）</td><td colspan="3"></td></tr>
<tr><td>自我评价</td><td colspan="5"></td></tr>
<tr><td>教师评价</td><td colspan="5"></td></tr>
</table>

理念篇

LINIANPIAN

模块一

劳动精神，指引方向

劳动精神是中华民族创造美好生活的精神源泉，也是新时代劳动者的价值追求。崇尚劳动、热爱劳动、辛勤劳动、诚实劳动的劳动精神，是从千千万万劳动者身上提炼和升华出来的精神气质，是劳动者劳动意识、劳动理念、劳动态度、劳动习惯的集中体现。

学生应深入学习劳动精神，从中汲取力量，努力成为勇挑重担、堪当大任的新时代青年。

知识目标

- ✧ 理解劳动精神的内涵。
- ✧ 熟悉劳动精神的价值指向。
- ✧ 掌握培养劳动精神的途径。

素质目标

- ✧ 了解劳动模范陈俊安的事迹，学习他身上的优良品质，树立正确的劳动观念。
- ✧ 将劳动内化为自己的行为习惯，自觉进行劳动实践。

课堂导入

最快乐的事就是劳动，在劳动中锻炼本领

袁隆平是我国杂交水稻事业的开创者和领导者，是享誉海内外的农业科学家，被誉为“杂交水稻之父”。他获得过多项荣誉，如于 2018 年获得“改革先锋”称号，于 2019 年获得“共和国勋章”，等等。他一生致力于杂交水稻技术的研究、应用与推广，为我国粮食安全、农业科学发展和世界粮食供给做出了杰出贡献。

袁隆平曾说：“成功没有捷径。我不在家，就在试验田；不在试验田，就在去试验田的路上。”从最初三系法杂交稻的成功，到攻克两系法杂交稻、冲刺超级稻、培育耐盐碱水稻，每个阶段都离不开袁隆平在田间的辛勤劳动和刻苦研究，每一株杂交水稻都凝结着袁隆平的汗水与心血。

袁隆平十分推崇劳动，认为劳动是最快乐的事情。他曾对广大学生说：“我认为最快乐的事就是劳动。你们要学好知识，更要去实践，在劳动中锻炼自己的本领，发现自己的兴趣，热爱劳动，诚实劳动，德智体美劳全面发展，做好社会主义建设者和接班人。”

（资料来源：http://v.cctv.cn/2020/06/02/VIDEFucdKrSkPgTjJuFYvPBs200602.shtml，有改动）

【想一想】

（1）当代学生应该具备怎样的劳动精神？

（2）当代学生应该如何培养劳动精神？

01 第一讲 劳动精神的内涵

劳动精神是广大劳动者在社会生产实践中锤炼形成的，是广大劳动者弥足珍贵的精神财富。“崇尚劳动、热爱劳动、辛勤劳动、诚实劳动”，这 16 个字是对劳动精神的高度概括和生动诠释，为新时代坚持和弘扬劳动精神指明了方向。

一、崇尚劳动

劳动精神的内涵

崇尚劳动就是提倡劳动、尊重劳动。劳动是人类最美好、最崇高的存在，是光荣而神圣的。劳动既能创造物质世界，又能创造精神世界。一方面，劳动者通过劳动创造出满足人类生存需要的物质资料；另一方面，劳动者在劳动过程中不畏艰难、奋勇拼搏、无私奉献，使劳动精神的内涵不断丰富。

劳动者都是靠自己的本领吃饭的。他们或付出体力，或付出脑力，或两者兼而有之。他们用自己勤劳的双手和聪慧的大脑满足自身的生活需求，实现自我发展，推动社会不断进步。

我们要崇尚劳动，树立正确的劳动观念，保持积极的劳动态度，培育优良的劳动品质，养成良好的劳动习惯，通过劳动实现自我价值与社会价值的统一。

案例在线

我从来就不只是“卖房子的”

某天深夜，房地产经纪人张永刚收到了客户发来的一连串有关购房的咨询信息，于是，他熬夜做了一份 20 页的报告发给对方。报告里包括客户需求、房屋情况、商圈情况、小区均价、首付、月供等内容，还包括安心服务承诺、交易流程图、税费计算方式等信息。张永刚将这份报告发给客户后，客户很震惊，称赞张永刚十分专业。

在传统认知里，房地产经纪人的主要工作是利用不对称信息撮合并促成交易。但张永刚的自我定位是高水平、职业化的价值提供者。

2018 年，张永刚卖出了一套价值 1 450 万元的房子，这是他人生中卖出的第一套房子。那天 23:30，他正在门店看书，进来了一对想要购房的夫妻。此前，张永刚仔细调查过北京的房地产市场，对相关情况十分了解。那天晚上，他向那对夫妻仔细讲解了北京房地产市场的情况、新建小区的特点、开发商的基本情况等。

双方建立信任后，张永刚带领这对夫妻看了很多新房。最后，这对夫妻看中了两套房子，但拿不定主意该买其中的哪一套。于是，每天晚上，待这对夫妻下班后，张永刚都会到他们家里，与他们讨论到底选择哪一套房子。最终，这对夫妻选择了那套价值 1 450 万元的房子。

“我们的服务是有温度的，也是有价值的。我相信，通过提供专业的、真诚的服务，我们一定能够获得客户的认可与尊重。”张永刚说。

（资料来源：https://ishare.ifeng.com/c/s/7w0SoVi4Plj，有改动）

二、热爱劳动

热爱劳动就是对劳动充满热情，主动、积极地参加劳动。中华民族是热爱劳动的民族。在几千年的历史长河中，中国人民兢兢业业、艰苦奋斗、自强不息。我们今天所拥有的一切，无不凝聚着无数人的聪明才智，浸透着无数人的辛勤汗水。

劳动不仅为幸福生活的实现提供了物质条件，更重要的是能够促使我们树立远大理想、提升综合能力、形成健全的人格。此外，劳动的过程本身就是一种幸福体验。对于劳动，劳动者如果乐而为之，其直接感受就是愉快的；如果被迫为之，其直接感受就是不愉快的。

身处新时代，我们应该热爱劳动，让劳动成为我们人生的支点，同全国劳动人民团结一心，用劳动托起中国梦。

三、辛勤劳动

辛勤劳动（见图 1-1）就是埋头苦干、真抓实干，干在实处、干出成果。劳动是财富的源泉，也是幸福的源泉。幸福不会从天而降，美好生活只能靠劳动创造，全社会都应形成以辛勤劳动为荣、以好逸恶劳为耻的良好风尚。

中华民族自古以来就有辛勤劳动的传统，并且流传着许多有关辛勤劳动的典故和名言。例如，愚公移山、精卫填海的故事，体现了我国古代劳动者改造自然的顽强毅力；“业精于勤，荒于嬉；行成于思，毁于随”“书山有路勤为径，学海无涯苦作舟”等名句，表明了辛勤劳动对促进人的发展和进步具有重

要作用。

图 1-1 辛勤劳动

辛勤劳动是长久幸福的保障。只有通过辛勤劳动获得的成果，才能经得起时间的考验；只有付出过辛勤劳动的人，才懂得什么是真正的幸福，才能心安理得地享受幸福生活。

QINGCHUN 青春风采 FENGCAI

消防员杨雷的使命、担当与人生追求

什么样的青春才是无悔的青春？对于这个问题，或许每个人都有一个属于自己的答案。然而对于江西省鹰潭市龙虎山消防救援站特勤分队一班班长杨雷来说，无悔的青春就是胸怀祖国、心系人民，积极投身消防事业，在为人民服务中充分展示自己的抱负和激情。他坚定信念，执着追求，用实际行动保一方平安，以青春之名续写时代华章。

杨雷，“90 后”，2015 年 9 月入伍。作为一名消防员，杨雷无所畏惧，为守护人民群众义无反顾；他逆流而上，勇敢地承担起一名消防员的使命和责任。他多次参与重大事故抢险救援任务，奋不顾身，冲锋在前。

在 2017 年龙虎山“5・15”特大交通事故救援中，杨雷英勇战斗，受到了地方政府和各界群众的称赞。2019 年 10—11 月，江西省出现了严重的旱情，龙虎山是旱情重灾区，多个村出现了饮水困难。得知情况后，杨雷主动请缨，为村民送水；遇到年迈的老人和行动不便的村民，他都主动帮忙挑水到家。

2020 年 7 月 8 日，鄱阳县问桂道圩堤发生漫堤溃坝险情后，杨雷主动请缨，加入驰援鄱阳抗洪救灾的行动中。为了能够尽早解救受困群众，杨雷连续奋战 20 个小时，背起年迈的奶奶，用怀抱温暖熟睡的婴儿，成功解救被困群众百余人。杨雷解救被困群众的事迹先后被多家知名媒体报道。

2021 年 5 月 22 日，杨雷凭借丰富的救援经验，将因河水上涨而受困的 14 名人员分批次成功解救。此外，杨雷还积极开展救援宣传活动，累计为 3 000 余名群众讲授消防知识，培养了 503 名准消防员。

多年来，杨雷勤勤恳恳，兢兢业业，荣立一次个人二等功，被评为“全国青年岗位能手”“江西省青年岗位能手”“优秀共产党员”“鹰潭消防忠诚卫士”。

（资料来源：http://www.fazhijx.com/pacj/system/2020/10/28/030060114.shtml，有改动）

四、诚实劳动

诚实劳动是指在劳动过程中脚踏实地，恪尽职守，遵守法律法规，不窃取他人的劳动成果。按劳动价值观划分，可将劳动分为诚实型劳动和欺骗型劳动；按劳动是否合法划分，可将劳动分为合法劳动和非法劳动。

其中，诚实型劳动和合法型劳动有利于劳动者自身的发展，能够推动社会进步。欺骗型劳动和非法劳动或许能够在短期内为劳动者和企业带来一定的好处，但从长远来看，对劳动者、企业和社会都存在极大的危害，是一种损人不利己的行为。例如，一些不法企业在生产产品的过程中以次充好、偷工减料，这样虽然可以在短期内降低成本，但从长远来看，会导致产品口碑变差、销量下降，甚至相关人员还会受到法律的制裁。

人世间的美好梦想，只有通过诚实劳动才能实现；发展中的各种难题，只有通过诚实劳动才能破解；生命里的一切辉煌，只有通过诚实劳动才能铸就。于个人而言，唯有诚实劳动，才能保障人身自由，实现体面劳动和全面发展。于国家而言，诚实劳动是提升国力的基石，广大人民群众只有通过诚实劳动，才能在实现“两个一百年”奋斗目标的伟大征程上再创新的业绩。

02 第二讲 劳动精神的价值指向

劳动精神建立在马克思主义劳动观的理论基石上，汲取中华优秀传统文化中的劳动理念，形成于中国人民伟大社会历史实践之中，丰富和发展于中国特色社会主义新时代。劳动精神以爱岗敬业、勤奋务实为固有本色，诚实守信、艰苦奋斗为鲜明特色，敢于挑战、勇于创新为时代亮色，体现出劳动最光荣、劳动最崇高、劳动最伟大、劳动最美丽的价值指向。

一、劳动最光荣

劳动是人的本质，劳动光荣、创造伟大是对人类文明进步规律的重要诠释。劳动是人类社会的基石，人类生活、生产所需的各种物质资料和精神资料都必须通过人的劳动来创造。没有劳动的支持，人类社会就无法发展甚至无法正常运转。由此可见，劳动是人类社会最光荣的事业。

传承劳动精神就是继承和发扬中华民族勤劳勇敢、艰苦奋斗的光荣传统，时刻警惕不劳而获、投机取巧、贪图享乐等错误的思想观念。只有让劳动最光荣的观念深入人心，才能让劳动精神在新时代焕发生机，进而起到凝聚奋发力量、引领前进方向、激发人们劳动热情的作用。当劳动者的劳动价值得以实现或得到认同时，劳动者会感到欣慰、自豪、高兴，进而以更大的热情投入劳动，创造更大的价值。

二、劳动最崇高

劳动是人类最崇高的事业，是一切成功的必经之路。一切劳动都是为了满足人的需要、实现人的自由。只有在全社会形成劳动最崇高的共识，所有劳动者共同劳动，才能促进人类社会不断发展。一切为人民谋幸福、为民族谋复兴、为世界谋大同的劳动，都是崇高而伟大的。劳动者应努力使个人劳动与人民幸福、民族复兴、世界大同相统一，用自己勤劳的双手创造更美好的世界。

实现中国梦，创造全体人民更加美好的生活，需要我们每个人付出辛勤

劳动和艰苦努力。为了实现中国梦这一崇高事业，我们应在全社会树立起“劳动最崇高”的新风尚，在全社会形成尊重劳动、赞美劳动、崇尚劳动的良好氛围，凝聚所有劳动者的力量，奋勇向前。

三、劳动最伟大

劳动是推动人类社会走向更高级发展阶段的重要动力。古往今来，没有任何一项辉煌成就是脱离劳动就能取得的，也没有任何一种灿烂文明是脱离劳动就能形成的。改革开放以来，中国人民以敢试敢为的勇气和自我革新的担当，闯出了一条新路、好路。开荒南泥湾、耕耘黑土地、攻关超级稻，解决了14亿多人的吃饭问题；“和谐号”“复兴号”（见图 1-2）的研发，辽宁舰、山东舰、福建舰的研发，中国空间站的建成与运行，推动“中国制造”向“中国创造”转变。这些巨大成就是“劳动最伟大”最确凿的证据，让中国实现了从“赶上时代”到“引领时代”的跨越。

图 1-2 “复兴号”列车

实现中华民族伟大复兴需要以伟大的劳动精神作为支撑。我国越发展壮大，遇到的阻力和压力就会越大。我们应以勇立潮头、走在前列的勇气和冲开绝壁、夺隘而出的锐气，积极投身改革创新的时代潮流中，在平凡的工作岗位上勤勉工作、锐意创新，为人民对美好生活的向往而努力奋斗，为中国特色社会主义事业添砖加瓦。

四、劳动最美丽

劳动能够塑造劳动者的人格之美和精神之美。美的发展离不开特定的社会历史条件和劳动实践，劳动水平决定了美的衡量标准与表现形式，劳动目的寄托了人们对美的追求。古代劳动人民用勤劳的双手打造了秦兵马俑（见图 1-3）、万里长城、京杭大运河等伟大奇迹，即便历经千年，我们依然能从这些伟大奇迹中感受到古代劳动人民精巧的构思和精湛的技艺，体会他们的智慧美和劳动美。

图 1-3　秦兵马俑

劳动精神凝聚着劳动美，劳动美蕴含在劳动者的劳动实践和劳动成果中，体现在劳动者高尚的道德品质中。在新时代，无数劳动者在平凡的岗位上以平凡的劳动成就各自独特的劳动美，在劳动中实现人生价值。

BANGYANG 榜样力量 LILIANG

劳动模范陈俊安

2021 年 7 月 27 日，2021 年广州市白云区劳动模范和先进集体表彰大会召开，共有 80 人获得“白云区劳动模范”荣誉，德邦快递广州白云区龙归快递点的快递员陈俊安就是其中之一。

在工作中，陈俊安保持随叫随到、不辞劳苦、任劳任怨的工作态度，将客户的事当成自己的事，从业 5 年来一直保持零投诉、零差错的纪录。此外，陈俊安还会为不同类型的客户提供个性化服务，因此获得了许多好评。

“坚持做好一件事”是陈俊安对自己的要求。在这样的自我要求下，他在工作中表现出色，2019 年、2020 年连续两年保持全年绩效五星评分，

从公司10万名快递员中脱颖而出，成为公司的“金星快递员”。

（资料来源：https://www.gzdaily.cn/amucsite/web/index.html#/detail/1625998，有改动）

03 第三讲 培养劳动精神

一、在学习中感悟劳动精神

学生应认真学习马克思主义劳动观及其创新发展理论，并从社会历史发展的角度理解新时代劳动精神。同时，学生还应积极参加学校组织的各项劳动教育活动，如劳动教育讲座、劳模事迹展览、劳模人物访谈等，深刻体会劳动精神的内涵和价值指向，树立正确的劳动观念，培养良好的劳动习惯和劳动品质，自觉成为劳动精神的传承者和弘扬者。

扫一扫

培养劳动精神

二、在实践中体会劳动快乐

纸上得来终觉浅，绝知此事要躬行。学生应主动参加劳动实践活动（如参与志愿活动、参加兼职或实习等），在劳动实践活动中获得劳动成果，体会劳动带来的快乐，感悟劳动精神的意义，从而培育崇尚劳动、热爱劳动、辛勤劳动、诚实劳动的劳动精神。图1-4为学生参加志愿植树活动。

图1-4 学生参加志愿植树活动

案例在线

眉山职业技术学院中职部开展劳动教育活动

为了让学生培养正确的劳动价值观，接受锻炼，磨炼意志，眉山职业技术学院中职部组织学生进行了卫生大扫除活动。

活动中，学生们分工明确，热情高涨，干劲十足，在老师的指导下，打扫寝室的卫生死角，清理桌面杂物、扫除地面垃圾、清理墙面污渍……寝室每个角落都能看到学生们劳动的身影（见图 1-5）。在大家的共同努力下，整个寝室环境焕然一新。

图 1-5　学生们劳动的身影

2020 级计算机班的学生小陈说："这次活动让我在劳动中体会到了劳动者的艰辛和劳动后的幸福。以后，我将做到不随地乱丢垃圾，爱护环境。"

此次活动的开展，不仅为学生营造了舒适、整洁的学习生活环境，更增强了学生爱护校园环境的意识，激励学生为建设美丽校园贡献自己的力量。

（资料来源：http://ops.msvtc.net/htmlarticles/House/xydt/2020_12/45565.html，有改动）

实践活动——“弘扬劳动精神　激扬青春力量”主题写作

为了加深对劳动精神的理解，培养劳动精神，班级组织开展“弘扬劳动精神　激扬青春力量”主题写作活动。

学生根据自己对本章内容的理解，以“弘扬劳动精神　激扬青春力量”为主题，写一篇论文。要求：论文字数应在 1 000 字以上；论文中应有真实的劳动故事；论文中应体现自己对弘扬劳动精神的思考。

活动记录

劳动故事：

论文写作难点及解决方案：

论点：

论据：

学习成果评价

请进行学习成果评价，并将评价结果填入表 1-1 中。

表 1-1　学习成果评价表

<table>
<tr><td>班级</td><td></td><td>姓名</td><td></td><td>学号</td><td></td></tr>
<tr><td rowspan="2">评价项目</td><td rowspan="2" colspan="3">评价内容</td><td rowspan="2">分值</td><td colspan="2">评分</td></tr>
<tr><td>自我评分</td><td>教师评分</td></tr>
<tr><td rowspan="3">知识
40%</td><td colspan="3">劳动精神的内涵</td><td>15</td><td></td><td></td></tr>
<tr><td colspan="3">劳动精神的价值指向</td><td>15</td><td></td><td></td></tr>
<tr><td colspan="3">培养劳动精神的途径</td><td>10</td><td></td><td></td></tr>
<tr><td rowspan="4">技能
40%</td><td colspan="3">选择的劳动故事生动、感人，具有一定的教育意义</td><td>10</td><td></td><td></td></tr>
<tr><td colspan="3">具备良好的写作能力</td><td>10</td><td></td><td></td></tr>
<tr><td colspan="3">论文逻辑清晰，叙议结合</td><td>10</td><td></td><td></td></tr>
<tr><td colspan="3">论文能够明确表达自己对弘扬劳动精神的思考</td><td>10</td><td></td><td></td></tr>
<tr><td rowspan="4">素养
20%</td><td colspan="3">热爱劳动，尊重劳动</td><td>5</td><td></td><td></td></tr>
<tr><td colspan="3">服从指挥，遵守课堂纪律</td><td>5</td><td></td><td></td></tr>
<tr><td colspan="3">积极、认真参加实践活动</td><td>5</td><td></td><td></td></tr>
<tr><td colspan="3">具备良好的学习态度</td><td>5</td><td></td><td></td></tr>
<tr><td colspan="4">合计</td><td>100</td><td></td><td></td></tr>
<tr><td colspan="4">总分（自我评分×40%+教师评分×60%）</td><td colspan="3"></td></tr>
<tr><td>自我评价</td><td colspan="6"></td></tr>
<tr><td>教师评价</td><td colspan="6"></td></tr>
</table>

模块二
劳模精神，垂范百世

劳动模范是最美的劳动者，是时代的榜样。广大劳动模范在平凡的岗位上做出了不凡的成就，其身上所具备的优秀品质和崇高精神，值得每个学生认真学习和感悟。以爱岗敬业、争创一流、艰苦奋斗、勇于创新、淡泊名利、甘于奉献为内涵的劳模精神，是伟大时代精神的生动体现，是引领学生向美好生活努力奋斗的旗帜。

学生要崇敬劳动模范，弘扬劳模精神，勤于创造、勇于奋斗，满怀信心投身于全面建设社会主义现代化国家的伟大事业中。

知识目标

- ✧ 了解劳动模范的本质。
- ✧ 理解劳模精神的内涵和丰富意蕴。
- ✧ 掌握传承劳模精神的途径。

素质目标

- ✧ 认真学习劳模精神，自觉践行劳模精神。
- ✧ 向身边的人宣传劳模精神，激发其劳动热情。

课堂导入

向劳动模范学习

在五一国际劳动节来临之际，学校组织全体学生一起观看 2022 年庆祝五一国际劳动节暨全国五一劳动奖和全国工人先锋号表彰大会的直播。看到电视里讲述一个个劳动模范的事迹，小赵被这些劳动模范坚韧不拔的精神和高尚的品格所折服。

之后，小赵在观后感中写下这段话：

“劳动模范是在其岗位上做出优异成绩的先进模范人物，是时代的精英和人民的榜样。他们身上勤劳、勇敢、刻苦、认真的优秀品质和爱岗敬业、艰苦奋斗、甘于奉献的精神，值得我们每个人学习。

“虽然不是每个人都能成为劳动模范，但人人都能学习和践行劳模精神。学习劳模精神，首先要尊重劳动模范。劳动模范就是我们身边的一面镜子。常照这面镜子，有利于我们发现自身的不足，进而激发见贤思齐的内在动力；有利于我们不断摒弃小胜即满的懈怠思想。”

【想一想】

（1）什么样的人能成为劳动模范？

（2）劳模精神的核心内涵有哪些？

（3）如何在生活中践行劳模精神？

01 第一讲 劳动模范的本质

劳动模范简称“劳模”，是我国授予在生产建设中成绩卓著或有重大贡献的先进人物的一种光荣称号。劳动模范也是优秀劳动者的典型代表，从时传祥、王进喜，到袁隆平、李素丽，再到许振超、郭明义等，每个时期的劳动模范，都是时代的精神符号和力量化身。

一、劳动模范是最美劳动者

劳动模范是劳动群众的杰出代表，是最美的劳动者。自 1950 年国家首次表彰劳动模范以来，我国工人阶级和广大劳动群众与祖国同成长、与时代齐奋进，奏响了“咱们工人有力量”的主旋律，各条战线英雄辈出、群星璀璨。特别是进入新时代以来，我国工人阶级和广大劳动群众在实现中国梦伟大进程中拼搏奋斗、争创一流、勇攀高峰，在决胜全面建成小康社会、决战脱贫攻坚中发挥了主力军作用，用智慧和汗水营造了劳动光荣、知识崇高、人才宝贵、创造伟大的社会风尚，谱写了“中国梦 • 劳动美”的新篇章。

劳动模范爱岗敬业，锐意创新，勇于担当，无私奉献，用干劲、闯劲、钻劲激励更多的人做新时代的奋斗者。

二、劳动模范是时代引领者

劳动模范是民族的脊梁、时代的引领者。在不同历史时期，国家发展建设的侧重点有所差异，劳动模范的使命也不尽相同，但他们在实践中体现出来的劳模精神始终激励着广大劳动者，使得各行各业涌现出越来越多的劳动模范。

平凡成就伟大，劳动创造辉煌。每个劳动模范的背后，都有一段动人的故事。每个劳动模范，都深受群众爱戴。全国著名劳动模范申纪兰，一生都生活在太行山深处一座名叫西沟的山村。她曾说：“不是西沟离不开我，是我离不开西沟。”从 20 世纪 50 年代起，她带领群众创办农业合作社，还和村干部一起推行家庭联产承包责任制、创办乡镇企业、绿化荒山，始终与群众风雨同舟、同甘共苦。

被誉为“当代愚公”的劳动模范李双良，不要国家一分钱的投资，带领渣场职工把“沉睡”了半个多世纪、占地 2.3 平方千米的渣山“搬掉”，自创设备，生产各种废渣衍生产品。此后，他又带领职工在原地建成了绿树成荫、环境优美的大花园，从根本上解决了太原钢铁（集团）有限公司的倒渣难题。

被称为“工人专家”的劳动模范李斌，生前是上海电气液压气动有限公司液压泵厂职工。他努力钻研，从一名技校毕业生成长为数控应用专家。此外，他还自学了德语，在与外商就技术引进方案进行谈判时，凭着自身扎实的

专业知识，为国家节省了上百万元的费用。他说：“学知识、学技能，仅仅是我职业生涯的第一步；用知识和技能进行创新，为国家和企业创造更大的效益，才是我的最终追求。”

劳动模范是广大劳动者学习的榜样，是社会风尚的引领者。在劳动模范的带动和影响下，一代代劳动者以自己的实际行动践行劳模精神，用劳动汇聚起托起中国梦的强大力量。

三、劳动模范是人民的楷模

任何时代的发展，都离不开榜样的示范和感召作用。劳动模范作为广大劳动群众的榜样，其身上所具备的优秀品质和崇高精神值得所有劳动者去学习和践行。无数劳动模范的事迹告诉我们，通过辛勤劳动，人们可以在平凡的岗位上做出不凡的成就，改变自己的命运，实现人生价值。

北京协和医院骨科副主任医师吴南将“把每一名患者看作至亲至爱的人”作为自己的从医准则，致力于做人民的好医生。他深耕脊柱矫形手术多年，带领团队突破了脊柱畸形病因学诊断的科研难关；他用高超的手术技艺，让许多患者能够健康、自信地“挺起脊梁”。2022 年，他获得第 26 届中国青年五四奖章。

我们要向劳动模范学习，不仅要学习他们的精神，也要学习他们的工作方法。工作中难免会有遇到瓶颈的时候，这时，我们可以去看看同行业的劳动模范是怎么做的，或许他们的方法能给我们一些启发。一个善于从劳动模范身上汲取精神营养的劳动者，一定大有可为。

BANGYANG 榜样力量 LILIANG

奚延忱：以厂为家的后勤守护者

辽宁省劳动模范奚延忱出身于农村，艰苦的生活条件造就了他能吃苦的品质和不服输的性格。1995 年从技校电焊班毕业后，奚延忱到本溪钢铁（集团）有限责任公司（以下简称“本钢”）工作，通过自己的不懈努力，成为一名焊工技师。

当上班长后，奚延忱接触的工种变多了，他觉得自己作为班长不能只懂电焊技术，于是开始自学其他工种的相关知识，并向班里的老师傅请教实际操作的技巧。提前到岗、不午休，成了奚延忱的工作习惯，也让他变成了既熟练掌握多种焊接技术，又熟练运用钳工技能、管工技能、铆工技能的“万能工”。

奚延忱清楚地知道，对于公司来说，时间就是效益。20多年来，他所带领的班组从未出现过延期交工的情况。奚延忱说：“从接到任务的那一刻起，我们就在与时间赛跑。不管工作多难，我们都必须在规定时间内完成，否则就会给公司造成损失。”

2016年，奚延忱负责开展本钢第三次联合检修工程的重点项目——调整360平方米烧结机机尾弯道。在温度高、灰尘多、调整精度要求高、更换空间狭小的情况下，奚延忱和其他班组成员必须在5天内完成调整工作，如果延期交工，就会耽误生产。因此，奚延忱带领班组成员进行了连续3天的不间断作业，终于按时完成任务，使设备在调整后正常运行。

（资料来源：http://mt.sohu.com/mil/d20170627/152514704_655108.shtml，有改动）

02 第二讲 劳模精神的价值内核

劳动模范身上承载和彰显的劳模精神一直发挥着引领作用，助力中国实现了从站起来、富起来到强起来的历史性飞跃。

一、劳模精神的内涵

扫一扫

劳模精神的内涵

劳模精神可以概括为“爱岗敬业、争创一流，艰苦奋斗、勇于创新，淡泊名利、甘于奉献”。劳模精神是劳动者在劳动过程中展现出来的精神风貌。劳模精神丰富了民族精神和时代精神的内涵，是我们极为宝贵的精神财富。

（一）爱岗敬业、争创一流

所谓“爱岗”，就是要干一行，爱一行；所谓“敬业”，就是要钻一行，精一行。热爱本职工作，对待工作勤勤恳恳、兢兢业业、一丝不苟，是对爱岗敬业精神的完美诠释。爱岗敬业是职业道德的源头活水，是劳模精神的基础。无论从事什么职业，身处何种岗位，劳动者都要干一行、爱一行，从做好本职工作中获得幸福感和荣誉感。

争创一流是指追求一流的技术水平，干出一流的工作业绩，实现一流的工作效率。劳动者要以最高的标准要求自己，树立“对标一流、争创一流”的目标，在工作中不断强化自身的竞争意识和劳动意识，努力攻坚克难。

中国共产党在领导中国人民进行革命斗争时，就涌现出了一批批爱岗敬业、争创一流的劳动英雄。例如，边区工人赵占魁身穿湿棉袄在高达 2 000 ℃的熔炉前工作，终日汗流浃背，但他从不叫苦叫累。中华人民共和国成立后，中国工人阶级为党分忧、为国解难，全身心投入社会主义革命和建设的洪流中。例如，“铁人”王进喜率领钻井队以“宁可少活 20 年，拼命也要拿下大油田”的顽强意志和冲天干劲，克服重重困难，打出了大庆第一口油井。改革开放的号角吹响，劳动模范勇立时代潮头，开拓进取。例如，产业工人许振超先后 8 次刷新集装箱装卸世界纪录，创造了享誉全球的“振超效率”。

党的十八大开启中国特色社会主义新时代，越来越多知识型、技能型、创新型劳动者为实现中华民族伟大复兴而奋斗。“金手天焊”高凤林就是其中之一。他为 90 多发火箭焊接过“心脏”，先后攻克 200 多个航天焊接难关，成为航天航空领域的“大国工匠”。

1950—2020 年，我国先后表彰全国劳动模范和先进工作者超过 3 万人次。时代在变，爱岗敬业、争创一流的劳模精神始终未变。

（二）艰苦奋斗、勇于创新

艰苦奋斗是劳模精神的本质，也是中华民族的优良传统。劳动模范之所以能成为劳动模范，最根本的原因是他们始终坚持和发扬艰苦奋斗精神。在中华人民共和国成立初期，以劳动模范为代表的无数劳动者依靠自己勤劳的双手、顽强的意志、必胜的信念，让我国迅速发展起来。广大劳动者在艰苦奋

斗中磨炼出来的坚强意志和坚定信念，生动地诠释了劳模精神。

创新是试图改变现状以创造新的知识、方法、工具等的实践活动，其本质是求新、求变、求突破。创新是一个民族进步的灵魂，也是一个国家兴旺发达的不竭动力。在激烈的国际竞争中，“惟创新者进，惟创新者强，惟创新者胜”。

2013 年前，我国 2 000 吨以上的大型履带式起重机全部依赖进口，价格、售后服务等受制于人。造出属于我们自己的“超级”起重机，是徐工集团工程机械有限公司高级工程师孙丽的梦想。2013 年，孙丽与其团队攻克多个难关，最终成功造出 4 000 吨级履带式起重机（见图 2-1），实现了我国在超大吨位履带式起重机研发制造领域的突破。“为了实现这个梦想，我们奋斗了整整 23 年。”孙丽说。

图 2-1　4 000 吨级履带式起重机

探究与分享

（1）谈谈你对艰苦奋斗的理解。

（2）你认为怎样才能做到勇于创新？

（三）淡泊名利、甘于奉献

淡泊名利是中国传统义利观的集中体现，是劳模精神的价值引领。追求名利富贵是人之常情，但是这种追求应遵从道德规范。学生应学习劳动模范淡泊名利的精神，坚持将个人梦想与中国梦紧密结合，在为实现中国梦埋头苦干的同时，实现个人价值。

甘于奉献是对社会主义道德的弘扬。社会由个体组成，社会利益是多数人的利益。劳动模范将维护社会的根本利益和长远利益作为自己的价值导向，默默无闻地做好本职工作，不计较个人得失，不为小利所惑，在奉献中报效祖国、服务人民，从而实现人生价值。

BANGYANG 榜样力量 LILIANG

盖立亚：冲击世界一流的专家

盖立亚是沈阳机床股份有限公司（以下简称“沈阳机床”）所属沈阳优尼斯智能装备有限公司总经理，是一名高级工程师，曾先后被评为“沈阳市特等劳动模范”“辽宁省劳动模范”“全国劳动模范”等。

参加工作 20 多年来，盖立亚一直深耕在数控（智能）机床研发及制造第一线，主持、参与了 4 项数控机床国家重大专项项目，取得了 22 项实用型专利、3 项发明专利，成为业界重要的领军者。

德国的舍弗勒集团是一家大型的为汽车、机械、航天航空等领域提供轴承的企业。该集团在进入中国市场时，需要定制用于加工直径为 1 米的轴承的双轴数控车床。这种车床必须在保证双刀架、双主轴的同时一次完成生产工序，这对制造的精度提出了极高的要求，很多大型车床制造商都不敢接单。沈阳机床迎难而上，果断拿下订单。最终，双轴数控车床的攻关任务落在了盖立亚及其团队肩上。

当时，盖立亚正处于孕早期，伴有严重的妊娠反应。但她仍坚持在生产现场收集数据，与技术人员一起自制毛坯料，进行模拟试验，仔细对比切削结果，反复修改技术方案。在距离预产期仅有 4 天时，盖立亚还在不停地修改车床装配过程中的注意事项，并到车间查看车床的装配情况。

双轴数控车床装配完成后，舍弗勒集团对其进行了细致的检测，发现该车床的加工精度达到了 0.5 微米，而舍弗勒集团的要求为 1 微米。更令人叹服的是，该车床实现了以车代磨加工精密大型轴承的工艺，大大提高了加工效率。

此后，舍弗勒集团陆续订购了近百台双轴数控车床，还将沈阳机床纳入“舍弗勒集团十大优秀供应商”。沈阳机床由此打开了面向国际轴承行业的国际市场。

（资料来源：http://m.ce.cn/bwzg/201905/27/t20190527_32188431.shtml，有改动）

二、劳模精神的丰富意蕴

劳模精神充分展现了我国新时代工人阶级和广大劳动群众的高度自信，已成为社会主义核心价值体系的重要组成部分。进入新时代，我们要深刻领会劳模精神的丰富意蕴，大力弘扬劳模精神，推动全社会形成尊重劳动、崇尚劳动的良好风尚。

（一）劳模精神是马克思主义劳动观的生动体现

马克思主义劳动观主要包括劳动本质论、劳动价值论、劳动解放论。马克思主义认为，在人从自然界分化出来演化成自然人再成为社会人的过程中，劳动发挥着决定性作用。劳动不仅创造了人与自然之间的关系，还形成了人与人之间的关系（即劳动资料的占有和使用关系，劳动的分工和协作关系，劳动产品的交换、分配和消费关系等）、人与主观意识之间的关系。社会主义制度下的劳动真正体现了劳动者的自主性，劳动不再是异化的、外在的、脱离了人的本性的东西。劳动者通过自己的劳动实现人生价值，在劳动中感受幸福，这为劳模精神的产生与发展提供了重要土壤。

马克思主义劳动观全面、深刻地阐述了劳动在人类社会发展史上的决定性作用，为我们继承和弘扬劳模精神提供了理论支撑。

（二）劳模精神是我国优秀传统劳动文化的结晶

中国人民劳动精神的形成与劳动人民的生活、生产实践，以及中华民族崇尚劳动的传统文化密不可分。中国传统文化一向推崇对劳动实践的认同、对劳动精神的传承、对劳动文化的传播。远古时代，钻木取火、神农氏教民稼穑（sè）、大禹治水的故事广为流传。明朝时期，宋应星所著的《天工开物》（见图 2-2）较全面、系统地记述了中国古代农业和手工业的生产技术及经验，集中体现了古代劳动人民在自然科学、工业制造等方面的劳动创造和发明成就。

图 2-2 《天工开物》

知识链接

《天工开物》

宋应星通过实地观察研究，对古代的生产技术成就进行了总结，编写了《天工开物》。《天工开物》分三编，上编包括谷类和棉麻栽培，养蚕，缫（sāo）丝，染料，食品加工，制盐，制糖等；中编包括制造砖瓦、陶瓷、钢铁器具，建造舟车，采炼石灰、煤炭、燔石、硫黄，榨油，制烛，造纸等；下编包括五金开采及冶炼，兵器、火药、朱墨、颜料、曲药的制造和珠玉采琢等。

《天工开物》对原料的品种、用量、产地、工具构造和生产加工的操作过程等的记载都很详细，具有重要的科学价值。

（资料来源：https://www.cihai.com.cn/baike/detail/72/5530423?q=%E5%A4%A9%E5%B7%A5%E5%BC%80%E7%89%A9，有改动）

中华儿女用辛勤劳动创造了中国灿烂的历史文化，培养了中国人朴实、勤奋的优秀品质。这一品质始终贯穿社会生产实践，不断推动生产力进一步发展。

我国优秀的传统劳动文化为劳模精神的形成注入了民族文化基因，让劳模精神成为创造民族辉煌的根本力量和推动民族继续向前发展的精神支柱。同时，劳模精神又是对中华优秀传统文化中生生不息的崇劳厚生精神因子的继承与阐发。

（三）劳模精神植根于中国共产党领导中国人民的长期奋斗实践

劳模精神是中国共产党在长期革命、建设、改革实践中形成的宝贵精神财富，源于为人民谋幸福、为民族谋复兴的初心和使命。

新民主主义革命时期，一批批劳动模范在社会经济建设中发挥了巨大的示范带头作用，为革命取得最后胜利奠定了扎实的社会基础。社会主义建设时期，劳动模范以无私奉献、团结苦干的精神积极投身于经济建设中，对引导广大人民群众集中精力恢复和发展国民经济、树立正确的社会主义劳动观念起到重要的推动作用。改革开放以来，广大劳动群众不仅发扬吃苦耐劳、艰苦奋斗的精神，更是在开拓创新、苦干实干中创造了中国奇迹，业务精湛、技术卓越、锐意进取、敢为人先的劳动模范形象也更加深入人心。

进入新时代，在中国共产党的领导下，中国人民以实干兴邦的劳动精神，继续谱写中国特色社会主义伟大事业的新篇章，使得劳动精神、劳模精神、工匠精神成为社会热词，“劳动最光荣、劳动最伟大、劳动最崇高、劳动最美丽”成为时代强音。

（四）劳模精神是社会主义核心价值观的生动诠释

劳模精神是社会主义核心价值观的生动诠释，是建设社会主义事业的宝贵精神财富和强大精神力量。劳模精神与社会主义核心价值观在文化传承、价值引领、爱国教育、道德培养等方面高度契合。在新时代，劳模精神引领着广大劳动群众以“爱国、敬业、诚信、友善”为行为准则，以“自由、平等、公正、法治”为价值取向，以“富强、民主、文明、和谐”为奋斗目标，将个人发展融入国家发展的时代潮流中，为实现人生价值而努力奋斗。

03 第三讲 传承劳模精神

在劳模精神中，爱岗敬业是本分，争创一流是追求，艰苦奋斗是作风，勇于创新是使命，淡泊名利是境界，甘于奉献是修为。守本分、有追求、讲作风、担使命、有境界、有修为，是每一位劳动模范的精神风范，更是每一位劳动者应具备的精神品质。

传承劳模精神

一、勤奋学习，刻苦钻研

学校是培养德智体美劳全面发展的社会主义建设者和接班人的重要阵地，应将劳模精神融入立德树人全过程，让学生有机会近距离接触劳动模范、聆听劳动模范的故事、感受劳模精神；应充分发挥劳动模范先进事迹和优秀品质的感召作用，引导学生勤奋学习、勤于钻研、勤勉敬业，自觉传承劳模精神。

学生在学习中传承劳模精神，应做到刻苦钻研、不畏艰苦，孜孜不倦地学习科学文化知识，勇于探索，积极参加实践活动，不断提高理论知识水平和实际操作能力，不断丰富自己的精神世界。

二、努力工作，奋发图强

学生进入社会后，在工作中应传承劳模精神，做到学习劳动模范的工作态度、工作作风、工作方式，培育劳动情怀，自力更生、奋发图强、不怕困难、不畏艰险，努力完成各项工作任务。

BANGYANG 榜样力量 LILIANG

玩转智慧农业 点燃兴农梦想

贺斌，1984 年出生，是江西省萍乡市莲花县升坊镇太岭村人。2013 年，贺斌果断辞去大城市的工作回乡，和同学一起创办莲花县梦莲农业专业合作社，自己担任技术员，开始了创业之路。

农民并不好当。莲花县梦莲农业专业合作社开展的第一项业务——草鱼养殖，就给了贺斌一个下马威：一是山里鸟儿多，很多鱼苗被鸟儿吃了；二是贺斌不太懂技术，给鱼除寄生虫时用药过多，造成鱼苗大量死亡。

不气馁、不退缩，贺斌不断从失败中吸取教训。看书学习、聘请专家、外出交流、钻研技术，贺斌把精力放在了科技创新上。开发数字化GPS羊群管理系统，使用可编程逻辑控制器实现大棚自动灌溉，将报废的消毒柜改装成数字化恒温柜以提高蔬菜出苗率，利用LED补光及加热辐射技术解决鸡鸭苗御寒脱温问题，将报废的洗衣机改装成定时喂料机……一系列高科技种养方式的推出，使贺斌成为当地新型职业农民的代表。

截至2020年10月，莲花县梦莲农业专业合作社已累计带动96户农户发展种植养殖产业，累计帮助31户农户平均每年每户增收万元以上。贺斌先后被评为“萍乡市劳动模范”“江西省农村青年致富带头人”“江西省劳动模范”等。

（资料来源：https://wmjx.m.jxwmw.cn/news/1160258?app=wmjx，有改动）

探究与分享

结合上文，谈谈你将如何在学习中践行劳模精神。

实践活动——“聆听劳模故事　传承劳模精神”采访活动

劳动模范是民族的精英、人民的楷模、国家的功臣。为充分发挥劳动模范的示范引领作用，班级举办“聆听劳模故事　传承劳模精神”采访活动。

5～6人为一组，以小组为单位分别选择一名劳动模范作为采访对象，了解劳动模范的主要事迹，询问劳动模范对工作的看法和对劳模精神的感悟。确定采访对象后，各小组根据采访对象的身份、职业等信息，设计采访问题和采访流程。要求：采访对象数量不限，劳动模范的事迹应具体、生动、感人；结合 PPT、视频、图片等介绍劳动模范；在介绍过程中，融入自己对劳模精神的理解与感悟。

活动记录

采访对象：

采访提纲：

劳模故事：

心得体会（500 字以上）：

学习成果评价

请进行学习成果评价，并将评价结果填入表 2-1 中。

表 2-1 学习成果评价表

<table>
<tr><td>班级</td><td></td><td>姓名</td><td colspan="2"></td><td>学号</td><td></td></tr>
<tr><td rowspan="2">评价项目</td><td colspan="3" rowspan="2">评价内容</td><td rowspan="2">分值</td><td colspan="2">评分</td></tr>
<tr><td>自我评分</td><td>教师评分</td></tr>
<tr><td rowspan="4">知识
40%</td><td colspan="3">劳动模范的本质</td><td>10</td><td></td><td></td></tr>
<tr><td colspan="3">劳模精神的内涵</td><td>10</td><td></td><td></td></tr>
<tr><td colspan="3">劳模精神的丰富意蕴</td><td>10</td><td></td><td></td></tr>
<tr><td colspan="3">传承劳模精神的途径</td><td>10</td><td></td><td></td></tr>
<tr><td rowspan="4">技能
40%</td><td colspan="3">采访紧扣主题，达到采访目的，采访所提问题典型且有深度</td><td>10</td><td></td><td></td></tr>
<tr><td colspan="3">采访氛围和谐，能与劳动模范热情交流互动</td><td>10</td><td></td><td></td></tr>
<tr><td colspan="3">PPT 或视频制作精美</td><td>10</td><td></td><td></td></tr>
<tr><td colspan="3">讲解时观点鲜明，逻辑清晰</td><td>10</td><td></td><td></td></tr>
<tr><td rowspan="4">素养
20%</td><td colspan="3">仪容仪表得体</td><td>5</td><td></td><td></td></tr>
<tr><td colspan="3">具备团队精神，能够积极与他人合作</td><td>5</td><td></td><td></td></tr>
<tr><td colspan="3">积极、认真参加实践活动</td><td>5</td><td></td><td></td></tr>
<tr><td colspan="3">具备良好的学习态度</td><td>5</td><td></td><td></td></tr>
<tr><td colspan="4">合计</td><td>100</td><td></td><td></td></tr>
<tr><td colspan="4">总分（自我评分×40%+教师评分×60%）</td><td colspan="3"></td></tr>
<tr><td>自我评价</td><td colspan="6"></td></tr>
<tr><td>教师评价</td><td colspan="6"></td></tr>
</table>

模块三
工匠精神，历久弥新

大国崛起，匠心筑梦。回望过去，一批批精益求精、追求卓越的能工巧匠，为建设中国特色社会主义事业做出了杰出贡献。展望未来，我们比以往任何时候都更加需要工匠精神。“执着专注、精益求精、一丝不苟、追求卓越”，这 16 个字生动地概括了工匠精神的内涵，激励广大劳动者走技能成才、技能报国之路，立志成为高技能人才和大国工匠。

心心在一艺，其艺必工；心心在一职，其职必举。只要拥有纯粹为了把工作做到极致而忘我的精神，每个人都能成为匠人。

知识目标

- ✧ 理解工匠精神的内涵。
- ✧ 熟悉工匠精神的时代价值。
- ✧ 掌握弘扬工匠精神的途径。

素质目标

- ✧ 向大国工匠和高技能人才看齐，学习他们身上的工匠精神。
- ✧ 认真体会工匠精神，自觉传承、践行工匠精神。

课堂导入

工匠精神：谱写敬业报国的时代乐章

杭州博物馆里有一件战国时期的透雕双龙玉饰（见图 3-1），该玉饰双面均有纹饰，可拆可合。物件虽小，但其精巧的设计与细腻的雕工却让观者不禁遐想：2000 多年前，匠人们一边吟唱歌谣，一边聚精会神于一刀刀的雕与琢之中。

图 3-1　透雕双龙玉饰

对杭州这座文化底蕴深厚的城市来说，9 月 26 日有着特殊的意义。2019 年，杭州市人大常委会将每年 9 月 26 日设为“工匠日”。在中国，这是第一个为工匠设立的节日。

9 月 26 日有何特殊之处？被人们咏叹了千万年的钱塘江潮知道。1937 年 9 月 26 日，中国人自主设计、建造的第一座跨江大桥——钱塘江大桥如虹般飞架钱塘江两岸，使天堑变通途。

在此之前，“钱塘江上造桥”不过是一句谚语，用来形容说大话。钱塘江江水凶猛，江底石层、流沙、淤泥覆盖，时人叹曰“钱塘江无底”，造桥更无从谈起。然而，就是在当时简陋的技术条件下，桥梁专家茅以升带领团队，解决了 80 多个重大难题，架起了这座长 1 453 米的铁路公路两用双层大桥，书写了工匠精神的名篇。

回溯中国历史，追求专注与极致的工匠精神源远流长。解牛的庖丁、削木为鐻（jù）的梓庆、操舟若神的津人……庄子笔下与物同化的匠人们彰显了专注守心、物我两忘、执着技艺的精神境界。尔后，这种精神境界又演化为景德镇千年不熄的窑火、不用一钉却“天衣无缝”的榫卯、华服冠绝的刺绣……

凡人匠心，曰一丝不苟。荣宝斋的技师王玉良一生追求完美，他做的《夜宴图》木板复刻十分精妙，共有 1 667 块木板，至今无人能做出第二份。王玉良在制作过程中反复修改、琢磨，耗时一年半才做成。

凡人匠心，曰执着专注。塞外环境恶劣，但 88 岁的敦煌研究院保护研究所前副所长李云鹤始终守护在他爱了一辈子的敦煌身边。几十年来，他修复了 4 000 余平方米壁画、500 多座塑像，并且创造出了一个新职业——文物修复师。

凡人匠心，曰精益求精。特级技师高凤林焊接的产品是火箭发动机喷管，他因此被称为焊接火箭"心脏"的人，他的一双手被称为"金手"。"金手"的练就有多不易，只有高凤林自己清楚：吃饭时拿筷子比画着焊接的动作，喝水时端着盛满水的杯子练稳定性，哪怕是在休息时，他也会举着铁块练耐力。

匠心从来不拘一格，每一位将本职工作做到极致的劳动者，都有自己的匠心之道：择一事，终一生，以不息为体，以日新为道。高凤林说："我们喜欢不断雕琢自己的产品，不断改进自己的工艺，享受着产品在双手中升华的过程。在我们的心中，制作出来的产品没有最好，只有更好。"

（资料来源：https://m.gmw.cn/baijia/2021-02/10/34612366.html，有改动）

【想一想】

（1）设立"工匠日"有哪些现实意义？

（2）什么是工匠精神？结合你的经历或见闻谈谈你对工匠精神的认识。

01 第一讲　工匠精神的内涵

我国自古就有尊崇工匠精神的优良传统。古代工匠在实践过程中，不断创新产品和技术，使我国精美的瓷器（见图 3-2）、丝绸、玉器、青铜器（见图 3-3）、漆器等享誉世界。在长期的实践中，广大劳动者逐渐形成了"执着专注、精益求精、一丝不苟、追求卓越"的工匠精神。

图 3-2 瓷　器

图 3-3 青铜器

一、执着专注

工匠精神的内涵

执着专注是一种锲而不舍的工作态度，也是一种埋头苦干的工作习惯。人的精力是有限的，将有限的精力投入一个领域，干一行、爱一行、钻一行，才能最大限度地发挥个人潜力，成就一番伟业。对个人而言，执着专注就是沉下心来钻研自己的工作，耐心、细心、专注地完成每一项工作任务。劳动者只有将执着融入血脉，将专注刻入灵魂，才能在平凡的岗位上建功立业。

相传，古时候有位十分善于射箭的大师，名叫飞卫。纪昌想向他学习射箭，飞卫说："你要想学习射箭，首先应该下功夫练眼力。你要牢牢地盯住一个目标，不能眨眼！"于是，纪昌回到家里，仰卧在妻子的织布机下，睁大眼睛，死死盯住织布机的踏板。两年后，即使锋利的锥尖要刺到他的眼角了，他的眼睛也不眨一下。纪昌把自己练习的情况告诉了飞卫，飞卫对他说："虽然你已经取得了不小的成绩，但你的眼力还不够。你要练到把极小的东西看得很大，把模糊难辨的东西看得很清楚，那时候再来见我。"于是，纪昌用一根牛尾毛拴住一只虱子，把它吊在窗口，然后每天站在虱子旁边，聚精会神地盯着它。那只虱子在纪昌眼里一天天大起来，练到最后，大得竟然像车轮一样。这时，飞卫才开始教纪昌怎样开弓，怎样放箭。后来，纪昌成了百发百中的射箭能手。

《纪昌学射》的故事生动、形象地告诉我们，要想有精湛的技艺，就要执着专注、持之以恒、心无旁骛地勤学苦练，在长期的实践中积累经验。

BANGYANG 榜样力量 LILIANG

林俊德：一辈子只做一件事

1955 年，17 岁的林俊德从福建永春的大山中走出，考入了浙江大学机械系。1958 年，还是大三学生的林俊德和同学张文斌被安排攻克液压马达的难题。没有见过液压马达的两个人，凭借一张液压马达示意图，在老师的带领下，反复研究，仅用 3 周时间就成功制作出了一台液压马达。

1960 年，从浙江大学毕业的林俊德参军入伍，从此隐姓埋名，成为中国核试验科研队伍中的一员。在核试验基地，林俊德带领小组研制测量核爆炸冲击波的压力自记仪。在缺乏实验设备和技术材料的情况下，林俊德以钟表的齿轮、发条驱动作动力，研制出了钟表式压力自记仪。他用简单的方法和创新的思维解决了复杂的问题，他所研制的压力自记仪在我国历次核试验中发挥了重要作用。

林俊德对实验数据的精确性要求十分苛刻。为了得到第一手资料，他常年奔波在实验一线。凡是重要实验，他都亲临现场，拍摄实验现象，记录实验数据。精确的数据为我国第一颗原子弹的成功爆炸提供了有力保障。

2012 年 5 月 4 日，林俊德被确诊为胆管癌晚期。2012 年 5 月 31 日，已极度虚弱的林俊德，先后 9 次向家人和医护人员提出要下床工作。于是，病房中便出现了震撼人心的一幕：一位头上戴着氧气罩、身上插着各种管子的垂危老人，在众人的搀扶下艰难地坐到了办公桌前，整理重要的科研资料。5 个小时后，心电仪上的生命曲线停止了波动，林俊德永远地离开了，享年 74 岁。

林俊德为我国国防科技和武器装备的发展倾尽心血，直到生命的最后一刻。他说："我这辈子只做了一件事，就是核试验，我很满意。"

（资料来源：http://dangshi.people.com.cn/n1/2021/0608/c436975-32124961.html，有改动）

二、精益求精

精益求精是一种对学问和技艺的极致追求。劳动者要有一颗进取之心，不骄傲、不满足、不凑合，不断寻求技艺的突破，不断提高产品品质。

对于个人和企业而言，以高标准严格要求自己，注重产品的细节，不断提高产品质量、创新核心技术，才能制造出一流的产品，形成独特的核心竞争力。“80 后”大国工匠陈亮在无锡微研股份有限公司负责加工工业模具。在工业模具加工领域，分毫之差决定着产品的品质甚至产品的成败。陈亮制作的工业模具，误差可控制在 1 微米之内。他给自己制订了一条工作准则：再仔细一点儿，离 1 微米的精度就能更近一点儿。因为追求精益求精，陈亮带领团队先后获得了多项发明专利。

对于国家而言，精益求精的工匠精神不仅影响劳动者的工作态度、思维方式、精神面貌和综合素质，还影响高端制造行业的发展。小到一枚螺丝钉、一根电缆的打磨，大到飞机、高速列车（见图 3-4）等大国重器的制造，无不展现出严谨执着、追求完美、精益求精的匠心。正是一代代追求极致的劳动者将精益求精的工匠精神内化于心、外化于行，我国才从一个基础薄弱、工业水平相对落后的国家，成长为世界制造大国。

图 3-4 高速列车

探究与分享

（1）你是怎样理解精益求精的？

（2）我国历史上有哪些关于精益求精的故事？与同学们分享一下吧。

三、一丝不苟

一丝不苟是指做事认真，不放过任何一个细节，具体表现为认真负责、严谨细致、注重细节、心无旁骛的工作态度。当前，生产制造日趋精密化，人们对产品精度的要求越来越高，有些甚至达到了苛刻的程度。这就要求劳动者始终保持一丝不苟的工作态度，认真核查每一个细节，不留任何隐患，从而高质量地完成本职工作。

中国航空工业集团有限公司（以下简称“中航工业”）的钳工方文墨为歼-15 舰载机加工高精度零件。在教科书上，手工锉削精度的极限是千分之十毫米，而方文墨加工的精度达到了千分之三毫米，这是数控机床都很难达到的精度。中航工业将这一精度命名为“文墨精度”。

四、追求卓越

追求卓越是指因不满足于当前的成就而向更高的目标发起冲击，不断追求突破和创新。追求卓越是工匠不断进取、开拓创新的精神体现，是一种不满足于现状的工作态度。无论是在传统农耕社会，还是在现代工业化社会，扎实的专业知识、精湛的专业技艺都是工匠安身立命之根本，不断超越自我、勇攀行业顶峰是工匠的毕生追求。劳动者不能因为自己取得的一点成就就沾沾自喜、不思进取，而应始终积极进取、追求极致，在实践中不断超越自我。

追求卓越是工匠的价值追求，他们以技能报国的信念和与时俱进的创新精神铸就人生辉煌。大国工匠徐立平精雕细琢火药药面，将误差从 0.5 毫米缩小到 0.2 毫米，从实践中不断吸取经验，设计发明了 20 多种药面整形刀具，为我国航天事业做出了巨大贡献，无愧于大国工匠的称号。

器物有形，匠心无界。工匠精神不仅存在于制造业，也存在于服务业；不仅存在于物质生产领域，也存在于精神生产领域。无论从事什么劳动，都要干一行、爱一行、钻一行。在工厂车间，就要精心打磨每一个零件，生产优质的产品；在田间地头，就要精心耕作，努力获得丰收；在商场店铺，就要不断提高自己的服务水平。

BANGYANG 榜样力量 LILIANG

匠心筑梦 谱写强军报国华章

2020 年 11 月 24 日，中国兵器工业集团河南平原光电有限公司（以下简称“平原光电”）数控加工中心高级技师梁兵，在北京人民大会堂参加全国劳动模范和先进工作者表彰大会，被评为“全国劳动模范”。

自 1993 年入职平原光电以来，梁兵在数控技能操作岗位上刻苦钻研技术，熟练掌握了一系列复杂零件的加工工艺，逐渐从一名普通技校毕业生成长为中国兵器工业集团首席技师、国家级技能大师。在微米级的高精度加工要求下，梁兵还练成了一项通过触摸按压和聆听声音来感知零件之间贴合度的高超技艺。多年来，经过他精加工的零件有上千种，出厂合格率为 100%。因此，经过他精加工的零件被同事称为“免检产品”。

梁兵满怀“劳动筑梦、岗位奉献”的美好初心，把练就高超的技艺融入“建功发展、强军报国”的光荣使命中，先后参与了多项国家重点型号武器装备和集团重点产品的生产制造，总结摸索出了多项数控加工绝技，解决了生产加工中的许多技术难题，为国防建设和集团发展做出了突出贡献。

（资料来源：http://character.workercn.cn/350/202012/02/201202071328458.shtml，有改动）

02 第二讲 工匠精神的时代价值

工匠精神对促进国家、企业和个人的发展具有重要意义。学生应从国家、企业、个人三个方面领悟工匠精神的时代价值，深刻理解工匠精神的重要性，自觉成为工匠精神的传承者和践行者。

一、工匠精神是中国成为制造强国的强大动力

制造业是国民经济的主体，是立国之本、兴国之器、强国之基。改革开放以来，我国制造业持续、快速发展，形成了门类齐全、独立完整的产业链，

有力地推动了工业化和现代化进程。然而，与世界先进水平相比，我国制造业在自主创新能力、资源利用效率、产业结构水平、信息化程度、质量效益等方面仍有不足。

为完成从“中国制造”向“中国创造”的转变，2015年5月，国务院印发《中国制造 2025》，提出了我国实施制造强国战略第一个十年的行动纲领。要实现《中国制造 2025》战略目标，就必须在全社会大力弘扬工匠精神。只有将执着专注、精益求精、一丝不苟、追求卓越的工匠精神融入设计、生产、经营的每个环节，实现由“重量”到“重质”的转变，中国制造才能赢得未来。

二、工匠精神是企业塑造良好形象的精神源泉

在产品功能和价格相近的情况下，人们总是倾向于购买那些耳熟能详、口碑良好的企业所提供的产品。因此，企业越来越重视良好的品牌形象所带来的潜在的、无形的、动态的商业价值。将品牌形象作为一种竞争资本来经营，可以有效提升企业的市场竞争力。

企业品牌形象的塑造，离不开工匠精神。工匠精神可以体现企业品牌的内涵，有利于提高企业的知名度和美誉度，增强客户黏性。例如，曹德旺创办的福耀玻璃工业集团股份有限公司（以下简称“福耀玻璃”）在工匠精神的指导下，几十年如一日，专注于汽车玻璃制造，现在已经成为知名的汽车玻璃供应商，其产品质量和生产技术都处于行业领先水平，使得“福耀玻璃”成为名副其实的“金字招牌”。图 3-5 是福耀玻璃的生产车间。

图 3-5　福耀玻璃的生产车间

三、工匠精神是个人获得职业成功的法宝

工匠精神作为一种职业精神，是劳动者提高个人精神境界、增强个人职业素养、实现个人成长进步的重要道德指引。积极践行和弘扬工匠精神，是劳动者立足职场的重要条件和在未来职业生涯中脱颖而出的制胜法宝。

劳动者要想轻松迈过企业对技术工人的招聘门槛，就必须以勤学长知识、以苦干练技术、以创新求突破，努力成为知识型、技能型、创新型劳动者。劳动者只要积极践行工匠精神，肯学肯干肯钻研，练就一身真本领，掌握一手好技术，就能立足岗位成长成才，在劳动中发现广阔的天地，在平凡的岗位上成就不凡的事业。

BANGYANG 榜样力量 LILIANG

大国工匠艾爱国：做到极致，做到最好

艾爱国是我国焊接领域的领军人物，工匠精神的杰出代表，先后荣获“全国劳动模范”“全国十大杰出工人”等称号，并在庆祝中国共产党成立100 周年“七一勋章”颁授仪式上荣获勋章。秉持“做事情要做到极致、做工人要做到最好”的信念，艾爱国在焊工岗位奉献 50 多年，集丰富的理论知识、实践经验和操作技能于一身。

艾爱国从学徒做起，舍得吃苦、不怕吃亏、刻苦钻研。从业多年来，他攻克了 400 多个焊接技术难关，改进了 100 多项工艺，尤其是在焊接难度最大的紫铜、铝镁合金、铸铁焊接等方面有精深造诣。

艾爱国十分注重技术传承。他主持的湘钢板材焊接实验室，被湖南省列为焊接工艺技术重点实验室，被全国总工会命名为“全国示范性劳模创新工作室”。多年来，他无偿地向 200 多名下岗工人和农村青年传授焊接技术，其中有 100 余人进入大型企业工作。

如今，70 多岁的艾爱国依然奋战在焊接工艺研究和操作技术开发第一线，为加快我国重点工程建设进度，确保钢结构焊接质量安全做出重要贡献。

（资料来源：https://baijiahao.baidu.com/s?id=1711042915062202479&wfr=spider&for=pc，有改动）

03 第三讲 弘扬工匠精神

伟大的梦想需要伟大的精神作支撑，实现中华民族的伟大复兴，需要我们大力弘扬工匠精神。弘扬工匠精神，具体应做到以下几点。

一、正确认识工匠

弘扬工匠精神

一些人错误地认为工匠只是技术工人，难登大雅之堂。这是因为这些人没有认识到工匠在人类文明发展史上的重要作用，更没有认识到工匠精神对一个国家和民族的重要意义。

我国古代的鲁班、欧冶子、李春、陆子冈等能工巧匠凭借自身高超的技艺和卓越的成就名垂青史，他们身上体现出来的工匠精神在千百年后依然被人们传颂，激励着一代代中华儿女前行。到了现代，那些在平凡岗位上钻研技术、攻克难关的工匠以身作则，向青年一代展现了工匠精神的含义，为青年觉醒和奋斗提供了源源不绝的精神力量。

学生应重新审视并正确认识工匠的作用与地位，学习他们精湛的技艺和高尚的职业操守，从工匠精神中汲取力量，不断完善自我，努力成为合格的社会主义建设者和接班人。

二、向大国工匠学习

我们身边总有一些人，他们执着专注、精益求精、一丝不苟、追求卓越，严格要求自己，对产品精雕细琢，他们在实践中传承并发扬工匠精神，不断为工匠精神注入新的内涵。例如，一生清贫、只守一架琴的巫漪丽；坚持20 多年，潜心钻研铁轨机械的信恒均；在故宫里考证十年，修复两年，让古钟（见图 3-6）重新运转的王津；等等。他们都是工匠精神的传人，都是值得我们学习的大国工匠。

图 3-6 王津修复的古钟

学生应向这些大国工匠看齐，学习他们身上优良的工作作风，通过参加校园劳动、社会实践活动等，不断探索、创新，培养吃苦耐劳精神和奉献精神，在实践中传承工匠精神。

三、争做时代楷模

党的十九大报告提出，要建设知识型、技能型、创新型劳动者大军，弘扬劳模精神和工匠精神，营造劳动光荣的社会风尚和精益求精的敬业风气。改革开放以来，我国制造业快速发展，综合实力和国际竞争力显著增强，但仍存在许多问题。拥有一支技艺超群、敬业奉献的技能人才队伍，是建设制造强国的有力保障。

学生要以实现国家富强、民族振兴、人民幸福为己任，积极传承和践行工匠精神，将个人梦想与国家的前途、民族的命运紧密地结合起来，以勤学苦干、敢于创新的精神激励自己投身于建设中国特色社会主义伟大实践中去，争做时代楷模。

BANGYANG 榜样力量 LILIANG

聆听工匠故事 弘扬工匠精神

为引导学生学习工匠的优秀品格，传承工匠精神，德清县职业中等专业学校创新信息化教学模式，利用时下新兴的直播形式，邀请行业专家走进网络课堂（见图 3-7），开展劳动教育。

图 3-7 网络课堂

“匠心是对一道菜最大的敬意，保持一颗匠心才能做出美味的菜。”全国职业院校优秀指导教师、中国烹饪大师、浙江省餐饮业杰出烹饪教育名师沈勤峰通过直播的方式分享了主题为“怀一颗工匠之心，行走在职教路上”的专题报告。

沈老师从一名中职学生成长为国赛金牌教练、“德清工匠”和浙江省“百千万”高技能领军人才（优秀技能人才），先后在国家、省市技能大赛中获奖近 30 次。他带领团队积极开展研发工作，主持或参与了 6 项课题研究，并编写了 10 多本烹饪实训教材。这些荣誉和成果，与他对专业的执着、对职业的热爱和对精湛技能的追求密不可分。

沈老师还讲述了他如何做时代的追梦人、如何做学生的引路人的故事。他告诉学生们，要心怀梦想，脚踏实地、锲而不舍、精益求精地朝着目标奋进，在传承中创新，在创新中成长。

不少学生表示，近距离聆听工匠的故事，很受鼓舞，希望今后多向他们学习，努力提升自身职业素养和技能。

（资料来源：https://zj.zjol.com.cn/news.html?id=1477134，有改动）

探究与分享

学生应该如何以自己的实际行动践行工匠精神？请谈谈你的想法。

实践活动——“匠心·传承·创新”话剧颂匠心活动

学习工匠、弘扬工匠精神，是对每个肩负中华民族伟大复兴任务的劳动者的基本要求。学生作为国家未来的建设者，更应为营造劳动光荣的社会风尚而努力，为成为知识型、技能型、创新型劳动者大军中的一员而奋斗，自觉传承、践行工匠精神。

10～12 人为一组，以小组为单位，根据“匠心·传承·创新”主题，围绕大国工匠的匠心故事，排演一场讲述大国工匠奋斗历程的话剧。要求：必须基于现实中的大国工匠的事迹；必须能够体现执着专注、精益求精、一丝不苟、追求卓越的工匠精神；表演应生动，富有感染力，使人能够从中感受到匠心的力量。

活动记录

大国工匠的主要事迹：

剧本梗概：

参加话剧表演的注意事项：

心得体会（500 字以上）：

学习成果评价

请进行学习成果评价，并将评价结果填入表 3-1 中。

表 3-1 学习成果评价表

<table>
<tr><td>班级</td><td colspan="2"></td><td>姓名</td><td></td><td>学号</td><td></td></tr>
<tr><td rowspan="2">评价项目</td><td rowspan="2" colspan="3">评价内容</td><td rowspan="2">分值</td><td colspan="2">评分</td></tr>
<tr><td>自我评分</td><td>教师评分</td></tr>
<tr><td rowspan="3">知识
40%</td><td colspan="3">工匠精神的内涵</td><td>20</td><td></td><td></td></tr>
<tr><td colspan="3">工匠精神的时代价值</td><td>10</td><td></td><td></td></tr>
<tr><td colspan="3">弘扬工匠精神的途径</td><td>10</td><td></td><td></td></tr>
<tr><td rowspan="4">技能
40%</td><td colspan="3">话剧剧情合理，贴合主题，符合逻辑</td><td>15</td><td></td><td></td></tr>
<tr><td colspan="3">表演生动，富有感染力</td><td>15</td><td></td><td></td></tr>
<tr><td colspan="3">服装整齐、贴合人物形象</td><td>5</td><td></td><td></td></tr>
<tr><td colspan="3">舞台布置美观，道具运用合理</td><td>5</td><td></td><td></td></tr>
<tr><td rowspan="4">素养
20%</td><td colspan="3">守正创新，自信自强</td><td>5</td><td></td><td></td></tr>
<tr><td colspan="3">具备团队精神，能够积极与他人合作</td><td>5</td><td></td><td></td></tr>
<tr><td colspan="3">积极、认真参加实践活动</td><td>5</td><td></td><td></td></tr>
<tr><td colspan="3">具备良好的学习态度</td><td>5</td><td></td><td></td></tr>
<tr><td colspan="4">合计</td><td>100</td><td></td><td></td></tr>
<tr><td colspan="4">总分（自我评分×40%+教师评分×60%）</td><td colspan="3"></td></tr>
<tr><td>自我评价</td><td colspan="6"></td></tr>
<tr><td>教师评价</td><td colspan="6"></td></tr>
</table>

模块四

遵纪守法，维护权益

学生是国家宝贵的人力资源，是社会的新生力量，也是未来社会劳动关系中的重要主体。但是，部分学生法治意识薄弱、法律常识缺乏、用法能力不高，导致在实习、就业等过程中自身的权益容易受到侵害。

加强劳动法治教育，引导学生强化劳动法治意识、遵守劳动纪律、维护自己的合法权益，不仅是劳动教育的重要内容，也是构建和谐劳动关系的必然要求。

知识目标

✧ 了解我国的劳动法律制度，熟悉劳动者的权利和义务。

✧ 熟悉劳动纪律的内容和遵守劳动纪律的重要性。

✧ 了解如何做到遵守劳动纪律。

✧ 掌握就业权益的相关内容。

✧ 掌握解决违约问题与劳动争议的方法。

素质目标

✧ 了解我国的劳动法律制度，感受国家为保障劳动者权益所做的努力，大力弘扬社会主义法治精神。

✧ 了解有关劳动的法律法规，树立法治意识，做一名懂法、守法的合格公民，能用法律武器维护自己的权益。

课堂导入

遭遇性别歧视，如何主动维权

小胡在某招聘网站上看到了 XF 公司文案策划岗位的招聘信息，她认为自己的专业和实习经历符合招聘要求，便提交了简历。等待多天后，小胡没有得到任何回复，便又打开了该招聘网站，发现招聘信息中多了一条“限男性”的要求。小胡很不解，于是打电话询问 XF 公司招聘负责人，对方表示该岗位不适合女性，并且 XF 公司更需要男性员工。意识到自己遭遇了性别歧视，小胡向当地人民法院提起了诉讼。

法院认为，被告不对原告是否符合招聘要求进行审查，就以原告的性别为由拒绝原告应聘，其行为侵犯了原告平等就业的权利，属于就业歧视，对原告造成了一定的精神损害。法院遂判决 XF 公司赔偿小胡 2 000 元精神损害抚慰金。

（资料来源：https://new.qq.com/rain/a/20220113A097IY00，有改动）

【想一想】

（1）劳动者有哪些权利？

（2）如果你的劳动权利受到侵害，你会如何做？

01 第一讲　了解劳动法律法规

一、我国的劳动法律制度

劳动法律制度是指调整劳动关系以及与劳动关系有密切联系的其他社会关系的法律制度。完善的劳动法律制度有利于保障劳动者的基本权利、维护劳动关系和谐稳定、促进市场经济平稳发展。

（一）我国劳动法律制度的构成

我国现行的劳动法律制度由多层次的法律法规等构成，具体包括以下

内容。

1. 法律

由全国人民代表大会常务委员会颁布的劳动法律有《中华人民共和国劳动法》（以下简称《劳动法》）、《中华人民共和国职业病防治法》（以下简称《职业病防治法》）、《中华人民共和国安全生产法》、《中华人民共和国矿山安全法》、《中华人民共和国劳动合同法》（以下简称《劳动合同法》）等。

2. 行政法规

由国务院颁布的劳动行政法规主要有《禁止使用童工规定》《失业保险条例》《工伤保险条例》《劳动保障监察条例》等。

3. 部门规章

由中华人民共和国劳动和社会保障部（现为中华人民共和国人力资源和社会保障部）颁布的劳动规章主要有《集体合同规定》《最低工资规定》等。

4. 地方性法规和地方政府规章

地方人民代表大会及其常务委员会根据劳动法律、劳动行政法规，制定了部分地方性劳动法规，如《湖南省劳动保障监察条例》《河北省工会劳动法律监督条例》等。地方政府根据劳动法律、劳动行政法规和地方性劳动法规制定了本地区劳动规章，如《辽宁省女职工劳动保护办法》《广东省劳动人事争议处理办法》等。

5. 司法解释

司法解释是指司法机关对法律法规的具体应用问题所做的说明。有关劳动法律法规的司法解释有《最高人民法院关于审理劳动争议案件适用法律问题的解释（一）》《最高人民法院关于审理拒不支付劳动报酬刑事案件适用法律若干问题的解释》等。

（二）我国劳动法律制度的分类

我国的劳动法律制度主要包括以下几类。

1. 劳动关系方面的法律制度

劳动关系方面的法律制度是调整劳动关系最基础的法律制度，《劳动合同法》在该法律制度中占据主体地位。在市场经济条件下，劳动关系主要通过用人单位与劳动者订立劳动合同来建立。劳动者相对于用人单位而言处于弱势，劳动合同中容易出现一些对劳动者不利的条款，这就需要用《劳动合同法》来规范。

2．劳动基准方面的法律制度

劳动基准方面的法律制度是指国家制定的有关劳动报酬和劳动条件最低标准的法律制度，包括《最低工资规定》《国务院关于职工工作时间的规定》等。制定劳动基准方面的法律制度旨在改善劳动条件、保障劳动者的基本生活、避免伤亡事故的发生。这些法律规范都具有强制性，用人单位必须遵照执行。

3．劳动力市场方面的法律制度

劳动力市场方面的法律制度是指调节劳动力市场、促进劳动者就业的法律制度，包括《中华人民共和国就业促进法》（以下简称《就业促进法》）、《国务院关于加强职业培训促进就业的意见》、《就业服务与就业管理规定》等。就业是民生之本，因此国家采取了各种宏观调控手段创造就业机会，以促进劳动者充分就业。

4．社会保险方面的法律制度

社会保险方面的法律制度是指保障劳动者基本生存条件、提高劳动者生活质量的法律制度，包括《中华人民共和国社会保险法》（以下简称《社会保险法》）、《失业保险条例》等。

5．劳动权利保障与救济方面的法律制度

劳动权利保障与救济方面的法律制度包括《中华人民共和国劳动争议调解仲裁法》（以下简称《劳动争议调解仲裁法》）、《劳动保障监察条例》等。在实践中，部分用人单位会忽视甚至侵犯劳动者的劳动权利，劳动监察对劳动法律制度的实施和劳动者劳动权利的实现起着至关重要的作用。此外，在劳动过程中，劳动争议经常出现，以《劳动争议调解仲裁法》等法律法规为基础建立的劳动争议解决机制是保障当事人合法权益的有力武器。

二、劳动者的权利

我国建立完善的劳动法律制度，其中一个重要目的就是保障劳动者的权

利。《劳动法》第 3 条第 1 款规定：“劳动者享有平等就业和选择职业的权利、取得劳动报酬的权利、休息休假的权利、获得劳动安全卫生保护的权利、接受职业技能培训的权利、享受社会保险和福利的权利、提请劳动争议处理的权利以及法律规定的其他劳动权利。”下面分别介绍这些权利。

（一）平等就业的权利

劳动者享有平等就业的权利包括三层含义：

（1）任何劳动者都有平等就业的权利和资格，不因民族、种族、性别、宗教信仰等不同而受歧视。

（2）任何劳动者都有平等地参与岗位竞争的权利，用人单位不得歧视劳动者。《劳动法》第 13 条规定：“妇女享有与男子平等的就业权利。在录用职工时，除国家规定的不适合妇女的工种或者岗位外，不得以性别为由拒绝录用妇女或者提高对妇女的录用标准。”

（3）平等不等于同等，平等是对符合岗位条件的劳动者而言的，而不是不论劳动者条件如何都同等对待。

（二）选择职业的权利

劳动者选择职业的权利是指劳动者具有支配自身劳动力的权利，可根据自身的素质、能力、志趣和爱好，选择用人单位和工作岗位。

（三）取得劳动报酬的权利

劳动者付出劳动，依照劳动合同和国家有关法律法规取得报酬，是劳动者的权利。及时足额向劳动者支付报酬，是用人单位的义务。《劳动法》第 50 条规定：“工资应当以货币形式按月支付给劳动者本人。不得克扣或者无故拖欠劳动者的工资。”

《劳动合同法》第 30 条第 1 款规定：“用人单位应当按照劳动合同约定和国家规定，向劳动者及时足额支付劳动报酬。”

《劳动合同法》第 30 条第 2 款规定：“用人单位拖欠或者未足额支付劳动报酬的，劳动者可以依法向当地人民法院申请支付令，人民法院应当依法发出支付令。”

案例在线

拖欠工资被判支付经济补偿

2019 年 3 月 7 日，周某入职 S 公司，担任装载机司机一职。双方在劳动合同中约定，S 公司于次月 9 日发放周某当月的工资。

2021 年 11 月 10 日，周某以 S 公司“未及时足额支付劳动报酬”为由，申请劳动仲裁，要求解除与 S 公司的劳动合同，由 S 公司补发工资并支付经济补偿。

据劳动争议仲裁委员会了解，S 公司于 2021 年 9 月 9 日向周某发放了 2021 年 7 月份的工资，于 2021 年 10 月 15 日向周某发放了 2021 年 8 月份的工资，于 2021 年 11 月 9 日向周某发放了 2021 年 9 月份的工资。S 公司承认其存在延迟 1 个月左右向周某发放工资的情况。

根据《劳动合同法》第 38 条和第 46 条，用人单位未及时足额支付劳动报酬，解除劳动合同时应向劳动者支付经济补偿。劳动争议仲裁委员会遂做出裁决：S 公司解除与周某的劳动合同，并向周某支付 10 月份和 11 月份的工资以及 14 015.07 元经济补偿。

（资料来源：https://view.inews.qq.com/a/20211212A08LHL00，有改动）

（四）休息休假的权利

休息休假时间是劳动者根据法律法规规定，在国家机关、社会团体、企业事业单位以及其他组织任职期间，不必从事生产和工作而自行支配的时间。关于劳动者休息休假的权利，《宪法》第 43 条第 1 款规定：“中华人民共和国劳动者有休息的权利。”

《宪法》第 43 条第 2 款规定：“国家发展劳动者休息和休养的设施，规定职工的工作时间和休假制度。”

《劳动法》第 36 条规定：“国家实行劳动者每日工作时间不超过八小时、平均每周工作时间不超过四十四小时的工时制度。”

《劳动法》第 38 条规定：“用人单位应当保证劳动者每周至少休息一日。”

此外，我国实行带薪年休假制度。连续工作一年以上的劳动者，享受带薪年休假。

探究与分享

（1）我国法定节日有哪些？各放几天假？

（2）带薪年休假是劳动者连续工作满 1 年后，每年依法享有的保留职务和工资的一定期限连续休息的假期。劳动者累计工作已满 1 年不满 10 年、已满 10 年不满 20 年、已满 20 年时，带薪年休假分别为几天？

（3）劳动者本人结婚或劳动者的直系亲属（父母、配偶和子女）死亡时，用人单位应给予几天的婚丧假？

（五）获得劳动安全卫生保护的权利

劳动安全卫生保护是对劳动者生命安全和身体健康的保护。关于劳动者获得劳动安全卫生保护的权利，《劳动法》第 54 条规定："用人单位必须为劳动者提供符合国家规定的劳动安全卫生条件和必要的劳动防护用品，对从事有职业危害作业的劳动者应当定期进行健康检查。"

（六）接受职业技能培训的权利

职业技能培训是指对准备就业和已经就业的劳动者，以培养或提高基本职业技能为目的而进行的技术业务知识和实际操作技能教育与训练活动，如图 4-1 所示。

图 4-1 职业技能培训

《劳动法》第 66 条规定："国家通过各种途径，采取各种措施，发展职业培训事业，开发劳动者的职业技能，提高劳动者素质，增强劳动者的就业能力和工作能力。"用人单位不得干涉或阻止劳动者接受职业技能培训。

（七）享受社会保险和福利的权利

社会保险是指劳动者从国家或社会获得补偿或物质帮助的保障制度。《劳动法》第 70 条规定："国家发展社会保险事业，建立社会保险制度，设立社会保险基金，使劳动者在年老、患病、工伤、失业、生育等情况下获得帮助和补偿。"与之对应，我国现行的社会保险制度包括基本养老保险、基本医疗保险、工伤保险、失业保险、生育保险等。

关于劳动者享受福利的权利，《劳动法》第 76 条第 1 款规定："国家发展社会福利事业，兴建公共福利设施，为劳动者休息、休养和疗养提供条件。"

《劳动法》第 76 条第 2 款规定："用人单位应当创造条件，改善集体福利，提高劳动者的福利待遇。"

（八）提请劳动争议处理的权利

劳动争议是指用人单位与劳动者之间因劳动关系所发生的纠纷。关于劳动者提请劳动争议处理的权利，《劳动法》第 77 条第 1 款规定："用人单位与劳动者发生劳动争议，当事人可以依法申请调解、仲裁、提起诉讼，也可以协商解决。"

（九）法律规定的其他劳动权利

法律规定的其他劳动权利包括：依法参加和组织工会的权利；依法参与民主管理的权利；依法参加社会义务劳动的权利；从事科学研究、技术革新、发明创造的权利；依法解除劳动合同的权利；对用人单位管理人员违章指挥、强令冒险作业，有权拒绝执行；对危害生命安全和身体健康的行为，有权提出批评、检举和控告；等等。

三、劳动者的义务

劳动者的义务

权利和义务是统一的，劳动者在行使法定权利的同时，也应履行法定义务。《劳动法》第 3 条第 2 款规定：“劳动者应当完成劳动任务，提高职业技能，执行劳动安全卫生规程，遵守劳动纪律和职业道德。”

（一）完成劳动任务

劳动者一旦与用人单位订立劳动合同，就必须履行相应的义务，其中最主要的义务就是完成劳动任务。如果劳动者不能完成劳动任务，就意味着劳动者违反了劳动合同的约定，用人单位就可以解除劳动合同。

（二）提高职业技能

努力学习理论知识，提高职业技能，成为适应社会主义建设需要的熟练劳动者，既是劳动者应该履行的义务，也是劳动者促进自身发展、更好地实现自我价值的客观需要。

（三）执行劳动安全卫生规程

劳动者必须严格执行国家以及用人单位制定的劳动安全卫生规程（见图 4-2），从而保障自己的生命安全和身体健康，顺利完成劳动任务。

图 4-2 执行劳动安全卫生规程

（四）遵守劳动纪律和职业道德

劳动者有遵守劳动纪律和职业道德的义务。其中，遵守劳动纪律的相关知识将在下节进行介绍，下面主要介绍有关遵守职业道德的内容。

职业道德是指劳动者在职业活动中应当遵守的道德，是一般社会道德在职业活动中的体现。劳动者应当遵守爱岗敬业、诚实守信、办事公道、服务群众、奉献社会的社会主义职业道德，在劳动中培养良好的道德品质。

在社会主义制度下，每位劳动者都是国家的主人。劳动者的主人翁地位由自身享有的基本权利和应履行的基本义务决定。劳动者的权利和义务相互依存、不可分割。学生应深刻理解劳动者权利和义务相统一的内涵，以敢于担当的精神和强烈的使命意识，在享受劳动者权利的同时更好地履行义务，按照社会主义职业道德的要求，做一名合格的新时代劳动者。

BANGYANG 榜样力量 LILIANG

爱岗敬业模范赵庆祥

赵庆祥是国家电网河北省电力有限公司邢台供电分公司桥东供配电中心供电抢修一班班长。多年来，赵庆祥参与抢修排险工作 4 万余次，行程累计达 16 万千米，他始终坚持不忘初心、至诚为公的价值追求。

忠诚履责，守护电网

自 1999 年转业至邢台供电分公司供电抢修岗位以来，赵庆祥时刻以共产党员和军人的标准严格要求自己，日夜守卫电网安全。20 多年来，他始终扎根抢修一线，手机 24 小时开机，每年除夕夜都坚守在岗位上；共完成 1 000 余次上门服务，参与近 300 次义务宣传活动，帮助客户处理用电问题上千次；练就了 10 分钟诊断电路故障的“绝活”，大幅提高了抢修效率。赵庆祥始终在急难险重任务中发挥带头作用，在 2016 年邢台特大水灾期间，他冲锋在抗洪抢险第一线，冒着触电危险，涉水冲入地下配电室，断开电源。

苦干实干，敢于创新

多年来，赵庆祥始终坚持传承工匠精神，干一行、钻一行、精一行，以实干创新提高抢修效率和业务技能，争当创新创效先锋。1984 年，作为

部队电力保障骨干人员，他参与了我国第一颗通信卫星的发射工作。转业后，他立足岗位创新提效，研发出架空避雷器摇臂升降装置，大幅提高了工作效率。为解决邢台市首条电缆入地项目中“环网柜相序区分”难题，他“泡”在工地20多天，研制出无线核相仪，使抢修时间缩短了一半以上。

2021年，赵庆祥被评为第八届全国道德模范。

（资料来源：https://www.sxdaily.com.cn/2021-07/16/content_9139369.html，有改动）

02 第二讲 遵守劳动纪律

一、劳动纪律的内容

劳动纪律是指在劳动过程中，为取得行动一致，保证工作正常进行，劳动者所必须遵守的行为准则。不论在何种生产方式下，只要进行共同劳动，劳动者就必须遵守劳动纪律；否则，共同劳动就无法进行。

劳动纪律主要包括以下内容。

（1）履约纪律：严格履行劳动合同中规定的义务以及违约时应承担的责任。

（2）考勤纪律：按规定时间到达工作岗位，按要求请休事假、病假、年休假、探亲假等。

（3）工作纪律：根据工作岗位职责及规则，保质保量按时完成工作任务；节约原材料；爱护公共财物。

（4）安全卫生纪律：严格遵守技术操作规程和安全卫生规程。

（5）保密纪律：保守用人单位的商业秘密。

（6）奖惩制度：包括遵纪奖励与违纪惩罚规则等。

（7）其他纪律：遵守其他与劳动相关的规章制度。

应该注意的是，用人单位的劳动纪律或规章制度必须合法，否则劳动者可以拒绝遵守。

案例在线

违反基本劳动纪律被解除劳动合同

代某于 2021 年进入一家设计公司工作，双方约定代某的试用期为 3 个月。在此期间，领导发现代某入职不到半个月就已迟到 3 次，并且多次与同事发生冲突，工作时打瞌睡，严重影响了公司的工作氛围。据此，领导告知代某，因其试用期考核不合格，公司将单方面与其解除劳动合同。

代某对公司的决定表示不服，认为自己迟到是因为堵车，而工作时打瞌睡是自己无法控制的，加之公司之前发布的招聘信息中，并没有将上述行为列为限制录用条件，因此公司不能单方面解除劳动合同。代某随后向劳动争议仲裁委员会申请仲裁，要求公司向其支付赔偿金。

劳动争议仲裁委员会认为，遵章守纪是公司对劳动者最基本的要求，不迟到、不早退、不旷工是基本的劳动纪律，更是公司考核员工，尤其是考核试用期员工的重要内容，即便未写入公司的招聘信息或规章制度中，员工也应该严格遵守，这是根据常识和职业道德即可判断的是非准则。代某在试用期内的种种行为，表明其劳动纪律意识较差，不能严格遵守基本的劳动纪律，因此该公司可认定代某不符合正式录用条件。该公司以代某有义务严格遵守规章制度，试用期内考核不合格为由解除劳动合同，并不违反法律规定。据此，劳动争议仲裁委员会驳回了代某的仲裁请求。

二、遵守劳动纪律的重要性

没有规矩，不成方圆。有些劳动纪律与工作或生产效率关系密切，有些劳动纪律则直接影响人的生命安全。例如，医疗卫生部门的劳动纪律关系到病员和医务工作者的生命安全，交通部门的劳动纪律关系到旅客的生命安全，餐饮行业的劳动纪律关系到食客的身体健康，高危行业的劳动纪律关系到工作人员的生命安全。由此可见，遵守劳动纪律，不仅关系到集体的利益，还与劳动者的人身安全息息相关。

用人单位的效益与员工的利益密切相关。遵守劳动纪律是用人单位提高效益的重要保证，是劳动者履行劳动义务的体现，也是劳动者享受劳动权利的

前提。劳动者作为用人单位中的一分子，应该自觉遵守用人单位的劳动纪律和操作规范，增强工作责任心。

三、如何做到遵守劳动纪律

用人单位如果没有劳动纪律约束，内部就会变成一盘散沙。劳动者如果蔑视劳动纪律，就难以在劳动中进步和成长。在劳动过程中，劳动者应积极遵守劳动纪律，做到以下几点。

（一）强化纪律意识

劳动者应具备纪律意识，并在劳动中不断强化纪律意识。在工作中，劳动者应克服惰性，深入了解用人单位的规章制度，依照用人单位的规章制度进行劳动。

（二）严守操作规程

严守操作规程既是对用人单位的要求，也是对每位劳动者的要求。劳动者的工作情况直接影响用人单位的经济效益，进而影响劳动者自身的利益。因此，劳动者应严格按照操作规程进行劳动。例如，焊工（见图 4-3）在工作之前应正确使用防护用具，在工作过程中应严格按照操作规程进行操作；牙医在工作之前应正确使用防护用具，确保重复使用的工具（如镊子）都经过专业消毒处理；厨师在工作之前，应穿厨师服，戴厨师帽等，在烹饪过程中应遵守卫生与安全管理规定，确保食品卫生与安全；等等。

图 4-3 焊 工

（三）提高个人素质

劳动者要想提高个人素质，可以从以下两个方面进行：一方面，要提高业务素质，即通过多种渠道学习业务知识，不断提高自己的劳动技能；另一方面，要提高自己的职业道德水平，做好本职工作。

03 第三讲 维护自身权益

一、维护就业权益

学生在择业前必须强化自我保护意识，明确自己享有的权利，懂得如何维护自己的合法权益。

（一）学生就业的基本权益

学生作为就业市场的重要主体，除了享有取得劳动报酬权、休息休假权等一般权利外，还享有就业信息知情权、接受就业指导权、被推荐权、违约求偿权等。

1．就业信息知情权

就业信息知情权是指学生拥有及时、全面地获取应该公开的各种就业信息的权利。其含义包括以下几个方面：

（1）信息公开。就业信息应向所有学生公开，任何组织和个人都不得隐瞒、截留就业信息。

（2）信息及时。就业信息有很强的时效性，应及时向学生公布，以免影响学生就业。

（3）信息全面。就业信息应全面、完整，以便学生准确了解用人单位和岗位的相关信息，做出符合自身实际的选择。

2．接受就业指导权

《中华人民共和国职业教育法》第39条规定：“职业学校应当建立健全就业创业促进机制，采取多种形式为学生提供职业规划、职业体验、求职指导等就业创业服务，增强学生就业创业能力。”就业指导工作直接影响学生的就业方向选择、职业生涯规划等，是学生成功就业的重要保障。

3．被推荐权

学校在就业指导工作中的一个重要职责就是向用人单位推荐学生。在被推荐的过程中，学生享有学校如实推荐、公正推荐和择优推荐的权利。

（1）如实推荐是指学校推荐学生时应实事求是，以学生本人的实际情况为准，不能故意贬低学生或随意夸大学生的在校表现。

（2）公正推荐是指每个学生都应有被推荐的机会。

（3）择优推荐是指学校应在公正、公开的基础上，本着“优生优待、唯才是举”的原则，向用人单位推荐表现优异的学生。

4．违约求偿权

如果用人单位出现违约行为，学生可以要求用人单位承担违约责任，并支付违约赔偿金。

（二）维护就业权益的措施

学生维护就业权益的措施主要有以下几项。

维护就业权益的措施

1．自觉遵守就业规范

在就业过程中，学生应自觉遵守就业规范。根据相关规定，学生有下列情形之一的，学校不再提供就业服务：

（1）不顾国家需要，坚持个人无理要求，经多方教育拒不改正的。

（2）自派遣之日起，无正当理由超过 3 个月不去用人单位报到的。

（3）去用人单位报到后，因不服从安排或提出无理要求被用人单位退回的。

2．了解政策和法规

了解国家目前关于学生就业的相关政策和法规，明确自己在就业过程中的权利和义务，是学生维护自身权益的基础。例如，《劳动合同法》第 19 条、第 20 条对试用期的期限和工资做出了明确规定，学生了解这些内容，在遇到“试用期陷阱”时就能够从容应对。

劳动小贴士

《劳动合同法》第 19 条规定，劳动合同期限三个月以上不满一年的，试用期不得超过一个月；劳动合同期限一年以上不满三年的，试用期不得超过二个月；三年以上固定期限和无固定期限的劳动合同，试用期不得超过六个月。

同一用人单位与同一劳动者只能约定一次试用期。

以完成一定工作任务为期限的劳动合同或者劳动合同期限不满三个月的，不得约定试用期。

试用期包含在劳动合同期限内。劳动合同仅约定试用期的，试用期不成立，该期限为劳动合同期限。

《劳动合同法》第 20 条规定，劳动者在试用期的工资不得低于本单位相同岗位最低档工资或者劳动合同约定工资的百分之八十，并不得低于用人单位所在地的最低工资标准。

3．预防合法权益受侵害

学生在求职过程中，应本着诚实守信的原则，向用人单位介绍自己的真实情况。同时，学生应强化风险意识，对一些用人单位使用虚假信息招聘劳动者的做法，要有提防心理，预防自身的合法权益受到侵害。

4．积极维护自身的合法权益

在就业过程中，学生如果遭遇不公平对待，要敢于拿起法律武器据理力争，或者向政府相关部门和学校投诉，或者借助新闻媒体来维护自身的合法权益。

案例在线

用人单位不缴纳社会保险费该怎么办

小张毕业后就职于某用人单位，工作期间，该用人单位拒绝为其缴纳社会保险费。小张遂向劳动争议仲裁委员会提出仲裁申请，但仲裁委员会出具了不予受理通知书。随后，小张以社会保险纠纷为由向人民法院起诉用人单

位，要求用人单位补偿自己的损失。

人民法院审理后指出，小张与用人单位之间的争议属于社会保险费征收与缴纳方面的争议，应归入行政管理的范畴，不属于法院民事案件的受理范围，故驳回了小张的起诉请求。

于是，小张查询了《劳动法》和《社会保险法》。《劳动法》第 100 条规定："用人单位无故不缴纳社会保险费的，由劳动行政部门责令其限期缴纳；逾期不缴的，可以加收滞纳金。"《社会保险法》第 63 条第 1 款规定："用人单位未按时足额缴纳社会保险费的，由社会保险费征收机构责令其限期缴纳或者补足。"由此可见，劳动者、用人单位与社会保险机构就社会保险费缴纳等发生争议，是社会保险费征收与缴纳方面的纠纷，属于行政管理的范畴，带有社会管理性质。

对于因用人单位欠缴、拒缴社会保险费或者劳动者对缴费年限、基数有异议等发生的争议，劳动者可以要求社会保险行政部门（即人力资源和社会保障部）或者社会保险费征收机构依法处理。随后，小张向当地人力资源和社会保障局求助，用人单位才为小张补缴了社会保险费。

（资料来源：https://baijiahao.baidu.com/s?id=1709783718601277213&wfr=spider&for=pc，有改动）

二、解决违约问题与劳动争议

学生在就业过程中通常会用到就业协议书和劳动合同。了解与就业协议书有关的违约问题的处理方法、与劳动合同有关的劳动争议的解决方法，有利于学生维护自身的合法权益。

（一）与就业协议书有关的违约问题的处理方法

与就业协议书有关的争议经常发生，其原因一般是学生草率地与某用人单位签订了就业协议书，但后来找到了更适合自己的用人单位，想解除与原用人单位的就业协议，从而引发违约问题。

在实践中，针对与就业协议书有关的违约问题，通常有以下几种处理

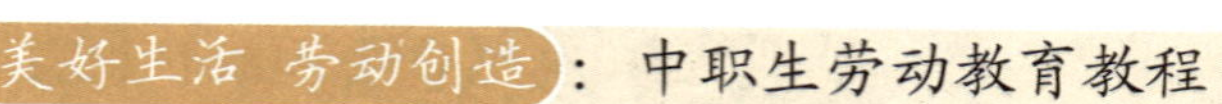

方法：

（1）学生与用人单位协商解决。学生可以向用人单位说明情况并赔礼道歉，争取获得用人单位的谅解，必要时支付违约金。这种方法适用于因学生违约而引起的就业协议争议。

（2）学校与用人单位协调解决。学校介入，使学生和用人单位达成和解。这种方法多适用于因用人单位违约而引起的就业协议争议。

（3）通过法律途径解决。对于协商或调解不成的，学生可向人民法院起诉，由人民法院依法裁决。

探究与分享

你是如何看待学生签订就业协议书后违约这一行为的？

（二）与劳动合同有关的劳动争议的解决方法

劳动合同是指用人单位与劳动者确立劳动关系、明确双方权利义务的协议。

1．劳动争议的类型

与劳动合同有关的劳动争议一般有以下几类：

（1）因用人单位辞退劳动者和劳动者辞职所发生的争议。

（2）因执行国家有关工资、保险、福利、培训、劳动保护的规定所发生的争议。

（3）因履行劳动合同所发生的争议。

2．劳动争议的解决办法

劳动争议的解决方法有劳动争议协商、劳动争议调解、劳动争议仲裁和劳动争议诉讼，后三种解决方法对应的机构分别是劳动争议调解委员会、劳动争议仲裁委员会和人民法院。

（1）劳动争议协商（见图 4-4）是指劳动关系双方当事人在发生劳动争议后，自行协商解决，以澄清误会、分清责任、取得谅解，最终达成和解协议。

图 4-4 劳动争议协商

（2）劳动争议调解是指劳动争议调解委员会在查清事实的基础上，依照相关法律法规，向劳动争议双方当事人陈述各自的权利和义务以及利弊关系，争取使双方在相互谅解的基础上达成调解协议。

（3）劳动争议仲裁是指劳动争议仲裁委员会在查明事实、分清责任的基础上，依照国家法律法规和相关政策，对劳动争议双方当事人的责任进行认定和裁决。仲裁既具有调解的灵活、快捷的特点，又具有法律强制执行的特点。裁决做出后，劳动争议当事人对仲裁裁决不服的，可以自收到仲裁裁决书之日起 15 日内向人民法院提起诉讼。一方当事人在法定期限内不起诉又不履行仲裁裁决的，另一方当事人可以申请人民法院强制执行。

（4）劳动争议诉讼是指当事人不满意劳动争议仲裁委员会的仲裁结果，依法向人民法院起诉，由人民法院依法审理并做出判决。诉讼是处理劳动争议的最终方法。最终生效的判决标志着该劳动争议案件诉讼程序的终结。人民法院对劳动争议案件的审理，适用《中华人民共和国民事诉讼法》规定的程序，分为起诉和受理、调查取证、调解、开庭审理等阶段。人民法院做出判决后，向当事人发送判决书。当事人不服一审判决的，有权在判决书送达之日起 15 日内，向上一级人民法院提起上诉。到期未上诉的，判决书自动发生法律效力。

劳动小贴士

劳动争议协商和劳动争议调解不是人民法院处理劳动争议的必经程序，但劳动争议仲裁是人民法院处理劳动争议的必经程序，也是处理劳动争议最重要的程序。在我国司法实务中，人民法院受理劳动争议案件是以经劳动争议仲裁委员会裁决过为前提的。只有经过劳动争议仲裁，当事人才可以向人民法院提起诉讼。不经过劳动争议仲裁，当事人直接向人民法院提起诉讼，人民法院不予受理。

实践活动——“解决劳动纠纷”情景模拟

现实生活中，部分学生缺乏劳动法律法规方面的知识，在发生劳动纠纷时不知道如何维护自身的合法权益。例如，签订的劳动合同中有很多条款对自己不利，学生不知道如何修改条款以维护自身的合法权益；不了解劳动争议仲裁程序，不知道如何通过劳动争议仲裁来维护自身的合法权益，不知道如何提供有利证据来支持自己的仲裁请求。

4～6 人为一组，以小组为单位，结合所学知识，开展“解决劳动纠纷”情景模拟活动，加深对《劳动法》《劳动合同法》等法律法规的了解，增强维护自身合法权益的意识。要求：自行设定解决劳动纠纷的具体情景；在模拟过程中引用相关法律条文。

活动记录

活动开展计划：

活动开展难点及解决方案：

心得体会（500 字以上）：

学习成果评价

请进行学习成果评价，并将评价结果填入表 4-1 中。

表 4-1　学习成果评价表

<table>
<tr><td>班级</td><td></td><td>姓名</td><td></td><td>学号</td><td></td></tr>
<tr><td rowspan="2">评价项目</td><td rowspan="2">评价内容</td><td rowspan="2">分值</td><td colspan="2">评分</td></tr>
<tr><td>自我评分</td><td>教师评分</td></tr>
<tr><td rowspan="6">知识
40%</td><td>我国的劳动法律制度</td><td>6</td><td></td><td></td></tr>
<tr><td>劳动者的权利和义务</td><td>6</td><td></td><td></td></tr>
<tr><td>劳动纪律的内容和遵守劳动纪律的重要性</td><td>8</td><td></td><td></td></tr>
<tr><td>如何做到遵守劳动纪律</td><td>6</td><td></td><td></td></tr>
<tr><td>学生就业的基本权益和维护就业权益的措施</td><td>6</td><td></td><td></td></tr>
<tr><td>解决违约问题与劳动争议的方法</td><td>8</td><td></td><td></td></tr>
<tr><td rowspan="4">技能
40%</td><td>设置的劳动纠纷情景贴近实际</td><td>10</td><td></td><td></td></tr>
<tr><td>正确、合理引用法律条文</td><td>10</td><td></td><td></td></tr>
<tr><td>模拟过程自然、流畅</td><td>10</td><td></td><td></td></tr>
<tr><td>能有效维护自身权益</td><td>10</td><td></td><td></td></tr>
<tr><td rowspan="4">素养
20%</td><td>懂法、守法，遵守纪律</td><td>5</td><td></td><td></td></tr>
<tr><td>具备团队精神，能够积极与他人合作</td><td>5</td><td></td><td></td></tr>
<tr><td>积极、认真参加实践活动</td><td>5</td><td></td><td></td></tr>
<tr><td>具备良好的学习态度</td><td>5</td><td></td><td></td></tr>
<tr><td colspan="2">合计</td><td>100</td><td></td><td></td></tr>
<tr><td colspan="2">总分（自我评分×40%+教师评分×60%）</td><td colspan="3"></td></tr>
<tr><td>自我评价</td><td colspan="4"></td></tr>
<tr><td>教师评价</td><td colspan="4"></td></tr>
</table>

模块五

安全劳动，筑牢防线

劳动安全问题是每一位劳动者在劳动过程中都应该重视的问题，它不仅关系到学生的生命安全，也关系到成千上万个家庭的安稳，甚至可能影响社会经济的平稳健康发展。

为避免在劳动过程中遭受伤害，学生应强化劳动安全意识，提高劳动安全防范能力，学会保护自己和他人。

知识目标

- ✧ 掌握劳动安全事故的分类、发生的原因，以及强化劳动安全意识的途径。
- ✧ 掌握如何防止触电、机械伤害、火灾发生，以及警惕职业病。
- ✧ 掌握触电急救常识、烫伤急救常识、中暑急救常识、心脏骤停急救常识及其他急救常识。

素质目标

- ✧ 牢固树立“安全第一，预防为主”的思想，在劳动中时刻注意安全问题。
- ✧ 了解《安全生产领域举报奖励办法》，强化劳动安全意识和责任意识，敢于拿起法律武器维护自己的合法权益。

课堂导入

操作不当引发爆炸事故

四川省某公司生产部机修工李某在部长孙某的带领下，在一个储油罐顶部对输入半成品油的管道进行切割作业。李某坐在储油罐顶部对输油管道进行切割前的烘烤，孙某则在一旁辅助李某进行作业。几分钟后，输油管道温度升高引发气体爆炸。

爆炸产生的冲击波将李某冲至距操作地点一米多远的罐体连接处，孙某则被冲落至地面。李某腰椎骨折且全身多处被冲击波热量烫伤，孙某经抢救无效死亡。

（资料来源：https://yjt.sc.gov.cn/scyjt/anquanyinhuanbaoguangtai/2021/12/13/1a1c8a305a3f449a9d8a2a0951ada8d8.shtml，有改动）

【想一想】

（1）劳动安全事故有哪些类型？

（2）上述案例中劳动安全事故发生的原因是什么？

01 第一讲 了解劳动安全事故

一、劳动安全事故的分类

劳动安全是指在劳动过程中，劳动者的生命安全和身体健康不受威胁或侵害的状态。根据《企业职工伤亡事故分类》（GB/T 6441—1986），劳动安全事故可分为 20 类，具体如表 5-1 所示。

表 5-1 劳动安全事故的分类

序号	事故种类	说明
1	物体打击	落下物、飞来物、滚石等造成的事故。不包括因坍塌、爆炸等引起的物体打击
2	车辆伤害	不包括起重设备提升、牵引车辆时和车辆停止状态下发生的事故
3	机械伤害	不包括已列入其他事故种类的机械（如车辆、起重设备等）造成的事故
4	起重伤害	进行起重作业时发生的事故
5	触电	电流流经人体并造成生理伤害的事故
6	淹溺	大量的水经口、鼻进入人体肺部，造成呼吸道阻塞或发生急性缺氧而窒息死亡的事故。包括高处坠落引起的淹溺，不包括矿山、井下透水引起的淹溺
7	灼烫	包括火焰烧伤、高温物体烫伤、化学灼伤（酸、碱、盐等引起的体内外灼伤）、物理灼伤（光、放射性物质引起的体内外灼伤），不包括电灼伤和火灾引起的烧伤
8	火灾	不包括非企业原因（如居民家中失火蔓延到企业）造成的火灾事故
9	高处坠落	不包括以其他事故种类（如触电）作为诱发条件的坠落事故
10	坍塌	包括施工造成的山体坍塌和因设计或施工不合理造成的建筑物坍塌，不包括冒顶片帮、放炮、爆炸造成的坍塌
11	冒顶片帮	冒顶是指在地下采矿时，顶板岩石发生坠落的事故；片帮是指在地下采矿时，因地层压力和风化等的影响，巷道两侧或采掘工作面的矿壁突然片落部分岩石或矿体的现象
12	透水	进行地下开采或其他坑道作业时，意外水源造成的伤亡事故。不包括地面水害事故
13	放炮	用火药爆破岩石等造成的事故
14	火药爆炸	火药在生产、运输、储存过程中发生爆炸造成的事故
15	瓦斯爆炸	空气中可燃气体达爆炸浓度时，遇高温火源发生爆炸的事故。瓦斯爆炸主要发生于煤矿、天然气开采作业中，也发生于室内生产活动中
16	锅炉爆炸	以水为介质的蒸汽锅炉爆炸造成的事故。不包括铁路机车、船舶上的蒸汽锅炉爆炸造成的事故
17	容器爆炸	盛装容器、换热容器、分离容器等爆炸造成的事故
18	其他爆炸	不属于火药爆炸、瓦斯爆炸、锅炉爆炸、容器爆炸的爆炸事故
19	中毒和窒息	包括有毒物经皮肤、呼吸道和消化道进入人体造成的急性中毒和窒息事故，也包括在不通风的地方工作时，因缺氧造成的事故。不包括病理变化（细胞、组织或器官遭受各种致病因素而发生的局部或全身变化）造成的中毒和窒息事故，也不包括慢性中毒造成的死亡事故
20	其他伤害	除上述事故之外的劳动安全事故，如扭伤、跌伤、扎伤、冻伤、动物咬伤等

二、劳动安全事故发生的原因

劳动安全事故发生的原因多种多样，总体而言可分为人的原因、物的原因和环境的原因。

（一）人的原因

劳动安全事故中人的原因主要包括劳动者的原因和管理者的原因。

1．劳动者的原因

劳动者的原因主要包括：① 忽视安全警告标志（如“当心触电”的警告标志，见图 5-1）或未经许可进行操作；② 操作速度过快或过慢；③ 人为地使安全防护装置失效；④ 使用质量不合格的工具，用手、脚或身体其他部位代替工具进行操作；⑤ 不安全地装载、堆放物品；⑥ 使用不安全的姿势进行操作；⑦ 不关停设备就进行检修；⑧ 态度不端正，注意力不集中，工作时嬉戏打闹、打瞌睡等。

图 5-1 “当心触电”的警告标志

例如，陈某是广东省佛山市某塑料制品公司的一名叉车司机。某日，陈某在生产车间驾驶叉车准备卸货时，其同事丁某跳上叉车与陈某嬉戏打闹。打闹过程中，陈某误踩叉车油门，导致货叉刺中前方的理货员贾某。贾某因失血过多，经抢救无效死亡。

知识链接

轻视劳动安全的心理

在劳动过程中，劳动者应杜绝下述轻视劳动安全的心理：

（1）侥幸心理。部分劳动者偶尔违章作业没有出事，就慢慢滋生了侥幸心理，忽视了长期违章作业发生事故的必然性。

（2）麻痹心理。当长期未发生劳动安全事故时，部分劳动者在思想上就会松懈，易忽视规章制度，麻痹大意。

（3）逆反心理。部分劳动者认为安全操作规程太严格，操作程序烦琐，于是产生抵触情绪，甚至反其道而行。

（4）自大心理。部分劳动者即使预见事故即将发生，也不及时采取有效措施，以为自己技术过硬、经验丰富，可以轻易应对事故。

（5）逞能心理。部分劳动者经验不足，技能有待提高，但是为了表现自己，不懂装懂，明知有危险却偏要尝试。

（6）马虎心理。部分劳动者工作不细心，即使在进行特殊作业时，也不集中注意力，我行我素，马虎应付。

（7）从众心理。部分劳动者安全意识淡薄，看见其他劳动者违章操作非但不制止，自己也跟着做。

（8）好奇心理。部分劳动者对于不熟悉的设备存在好奇心理，即便不知道如何操作，也要亲自动手尝试。

2．管理者的原因

管理者的原因主要包括：① 组织不合理，指挥错误；② 未及时在现场监督、检查劳动者的工作情况；③ 未制订安全操作规程，对安全操作规程的落实情况要求不高，不认真对待安全事故防范工作，未及时排查并消除安全隐患；④ 未及时开展劳动安全培训或培训工作落实不到位。

案例在线

因管理不善导致车间发生爆炸事故

某科技有限公司二甲戊灵（有机化合物，属二硝基苯胺类除草剂，可用于消除农田中的杂草）生产车间发生爆炸事故，事故引起的大火持续燃烧近 6 个小时。经市应急管理局调查人员初步分析，事故发生的原因为：发生爆炸的容器之前一直作为硝化工序的反应容器，车间管理者在未清除容器底部残留物的情况下，便指挥工人开始投料，致使容器内含有硝基化合物的原材料分解放热，进而发生爆炸。

调查人员进一步调查发现，该公司自成立以来，便存在擅自变更生产工艺、安全设施不完善、安全培训不到位、管理者违章指挥、工人冒险作业等问题。事故发生后，该公司被责令停产停业，相关人员被依法追究责任。

（资料来源：https://hk.lexiscn.com/law/content.php?provider_id=1&isEnglish=N&origin_id=2465048，有改动）

（二）物的原因

劳动安全事故中物的原因主要包括：① 机械设备存在隐患，如质量不合格，零部件磨损、老化；② 原材料本身易燃易爆或存在有害物质；③ 工作场所狭小，布局不合理，通风不畅，照明条件差；④ 工作场所缺乏安全防护装置、警示装置和劳动防护用品等。

（三）环境的原因

劳动安全事故中环境的原因主要是指自然环境原因，如发生地质灾害、气象灾害等。

三、强化劳动安全意识的途径

学生可以从以下几个方面强化劳动安全意识，以免在劳动过程中出现安全事故。

扫一扫

强化劳动安全意识的途径

（一）遵守校园规章制度

学生在校园中会接触到各种规章制度，如宿舍安全管理制度、实验室安全管理制度、网络安全管理制度、消防安全管理制度、校园治安管理制度等，这些规章制度在保障学生的安全方面发挥了重要作用，学生应主动遵守，久而久之，学生的劳动安全意识就会在不知不觉中得到强化。

（二）积极参加劳动安全教育活动

学生应积极参加学校或实习单位组织的劳动安全教育活动，主动学习劳动安全知识、参加消防安全演练活动（见图 5-2），从劳动安全事故案例中吸取教训，牢固树立“安全第一，预防为主”的思想。

图 5-2 消防安全演练活动

（三）积极报告事故隐患

学生不仅应以身作则，自觉遵守安全生产规章制度和劳动纪律，还应关心工作场所的安全情况，及时制止他人违章作业。学生无论是在日常生活中还是在实习过程中，如果发现事故隐患，都应及时向上级或有关部门报告。一旦发生安全事故，学生应在确保自身安全的前提下，应尽快报警并协助调查人员做好事故调查工作。

知识链接

《安全生产领域举报奖励办法》印发

为进一步加强安全生产工作的社会监督，鼓励举报重大事故隐患和安全生产违法行为，及时发现并排除重大事故隐患，制止和惩处违法行为，2018 年 1 月，国家安全监管总局（现为中华人民共和国应急管理部）、财政部印发《安全生产领域举报奖励办法》（以下简称《办法》）。

《办法》第 3 条规定："任何单位、组织和个人（以下统称举报人）有权向县级以上人民政府安全生产监督管理部门、其他负有安全生产监督管理职责的部门和各级煤矿安全监察机构（以下统称负有安全监管职责的部门）举报重大事故隐患和安全生产违法行为。"

《办法》第 7 条规定："举报人举报的重大事故隐患和安全生产违法行为，属于生产经营单位和负有安全监管职责的部门没有发现，或者虽然发现但未按有关规定依法处理，经核查属实的，给予举报人现金奖励。具有安全生产管理、监管、监察职责的工作人员及其近亲属或其授意他人的举报不在奖励之列。"

（资料来源：https://www.mem.gov.cn/gk/gwgg/agwzlfl/gfxwj/2018/201801/t20180131_242765.shtml，有改动）

02 第二讲 防止劳动安全事故发生

一、防止触电

电是劳动者经常使用的能源，劳动者如果缺乏安全用电知识，不按相关规程安装和维修电气设备，就极易发生触电事故。

为防止触电，劳动者应做到以下几点：

（1）确保经常接触和使用的配电箱、配电板、闸刀开关、按钮开关、插座、导线等没有带电部分裸露的情况。

（2）不得用铜丝等代替保险丝，以防短路时保险丝熔断飞溅伤人。

（3）经常检查电气设备的保护接地、接零装置，保证其连接处无松动情况。

（4）不得私自摆弄或维修电气设备，在移动电气设备时，必须先切断电源。

（5）在使用手电钻、角磨机（见图 5-3）等手持电动工具的过程中，应防止移动工具时导线被拉断。操作时应戴好绝缘手套并站在绝缘板上。

图 5-3　角磨机

（6）维修电气设备时，一定要切断电源，并在显眼处放置“禁止合闸 有人工作”的警示牌。

应当注意的是，大学生在劳动过程中和在日常生活中都应当提高安全意识，增强防止触电的意识，谨防出现用电安全问题。

案例在线

因安全意识淡薄，引发触电事故

2020 年 8 月 1 日，在陕西省西安市西咸新区某家居公司钢结构库房项目施工现场，3 名员工在移动脚手架的过程中，脚手架顶部不慎触碰到上方架空的高压电线，引发触电事故，致使 3 人当场死亡。

经调查，3 名员工未接受过任何安全培训，无特种作业操作资格，无风险辨识能力和分析作业场所重大危险因素的能力，且 3 人安全意识淡薄，违规进行高处作业和电焊作业，未穿戴劳动防护用品，最终酿成惨剧。

（资料来源：https://cbgc.scol.com.cn/news/884879，有改动）

二、防止机械伤害

机械伤害主要是指机械部件、工具、工件直接与人体接触引起的夹击、碰撞、剪切、卷入、碾、割、刺等形式的伤害。各类转动机械的外露传动部分和往复运动部分都有可能对人体造成伤害。

（一）常见的机械伤害事故

常见的机械伤害事故主要有以下两种。

1. 切割机械伤害事故

切割作业（见图 5-4）的危险主要来自刀具、转动件，以及加工过程中飞出的高温金属切屑和因刀具破碎而飞出的碎片等。如果操作不慎，刀具和转动件就容易切割到劳动者的手臂、大腿等部位，飞出的切屑和碎片还可能伤到其眼睛。

图 5-4　切割作业

案例在线

切割片破碎致右眼失明

童某是某环境科技有限公司的一名操作工。童某所在部门的主管安排童某进行切割作业，但童某未佩戴防护眼镜，部门主管也未提醒。在进行切割作业的过程中，砂轮切割机的切割片破碎，碎片飞出并插入童某右眼，导致童某右眼失明。

经调查，该砂轮切割机未安装切割片保护罩，且切割片使用时间过长，因此在切割过程中破碎。

2. 冲压机械伤害事故

冲压是指借助压力机的作用，对放在凹模和凸模间的板料进行冲裁或成形、弯曲、拉深等，以获得所需工件的金属塑性加工方法。冲压作业单调且操作频率高，劳动者长时间进行冲压作业容易出现机体疲劳、反应迟缓、注意力不集中、动作失调等情况，进而引发事故。

3. 铸造机械伤害事故

铸造是指将熔融金属浇入铸型，凝固后获得具有一定形状、尺寸和性能物件的过程和方法。铸造作业（见图 5-5）工序较多，金属液温度高，作业过程中会产生各种有害气体和粉尘，易发生灼烫、火灾、爆炸、中毒等事故。

图 5-5 铸造作业

4. 锻造机械伤害事故

锻造是指把胚料加热后，用手锤、锻锤或压力机等锤击或加压，使其发生塑性变形，成为一定形状和尺寸的工件的加工方法。在锻造作业中，劳动者处在强振动、高噪声、高温灼热、粉尘弥漫的有害工作环境中，易出现听力损伤或被烫伤、被机械部件砸伤等事故。

（二）如何防止机械伤害

为防止机械伤害，劳动者在操作机械前、操作机械时和结束操作后都应遵守相应的规范。

1．操作机械前

（1）穿好工作服，扎紧袖口，扣好纽扣。

（2）头发较长者应将头发盘起并置于工作帽内。

（3）车工、铸造工等应穿好防砸安全鞋。

（4）操作有切屑飞出或产生强光的机械时，应戴好防护眼镜或防护面罩（见图 5-6）。

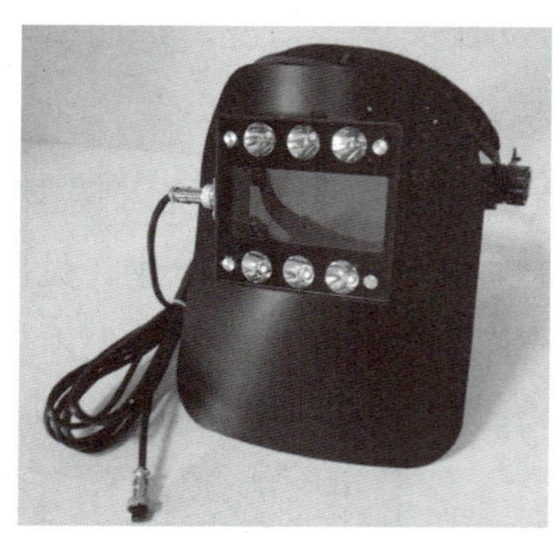

图 5-6　防护眼镜和防护面罩

（5）确认操作手柄是否位于空挡。

（6）检查安全防护装置有无松动现象，如有，则应及时采取处理措施。

（7）查看交接班记录，检查之前的异常情况是否处理完毕。

2．操作机械时

（1）开动、关停机械时要提醒周围人员。

（2）先使机械空转几分钟，确认一切正常后再开始工作。

（3）机械运转时，不得随意离开岗位，不得串岗作业。

（4）若机械运转时出现故障，必须立即停机检修。

3．结束操作后

（1）关闭机械电源，将工具放在指定位置。

（2）检查机械是否存在安全隐患。如果发现隐患，应及时上报。

（3）按实际情况填写交接班记录，不漏填、错填。

知识链接

防止机械伤害的要点

防止机械伤害，要做到“一禁、二必须、三定、四不准”。

一禁：严禁不具备机械操作相关知识的人员操作机械。

二必须：机械必须有可靠、有效的安全防护装置；机械使用完毕，必须关机拉闸，并按要求上锁。

三定：机械应由指定人员操作、检查和保养；对每一台机械，应做到定期保养；每一台机械应与特定的岗位对应。

四不准：不准运转有问题的机械；不准超负荷运转机械；不准在机械运转时对其进行维修或保养；不准将头、手等伸入运转的机械内。

三、防止火灾发生

火灾（见图 5-7）是最常发生的劳动安全事故，对劳动者的生命健康和社会经济发展危害极大。火灾发生的原因多种多样，但最主要的原因还是劳动者安全意识不强、用人单位安全防范责任落实不到位。

图 5-7 火 灾

为防止火灾发生，劳动者和用人单位应做到以下几点：

（1）定期对消防设施和消防器材进行保养，确保其完好、能正常使用。保持防火门、防火卷帘、紧急疏散逃生标志（见图 5-8）、应急照明设备、排烟送风设备、火灾事故广播系统等时刻处于正常工作状态。

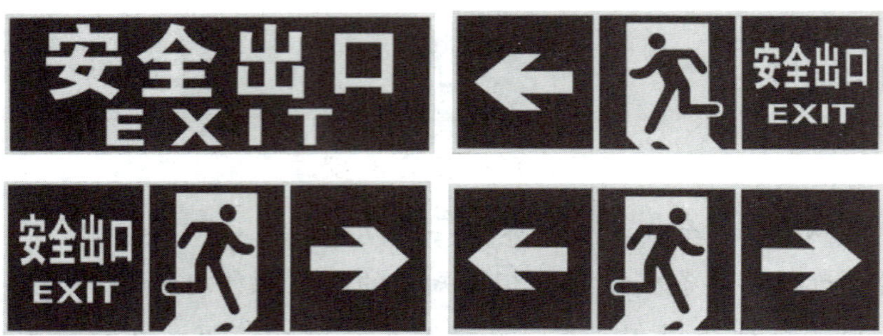

图 5-8　紧急疏散逃生标志

（2）保证疏散通道和安全出口畅通。不得占用疏散通道或者在疏散通道和安全出口放置障碍物，不得在生产期间封闭安全出口，不得遮挡消防安全标志。

（3）禁止在具有火灾、爆炸隐患的场所使用明火。因特殊情况需要进行电焊、气焊等明火作业的，动火部门和人员应当严格按照用火管理制度办理审批手续，采取相应的消防安全措施，并清除动火区域的易燃物。

（4）消防安全重点单位应当每日进行防火巡查，并确定巡查的人员、内容和频次。其他企业可以根据需要组织防火巡查。防火巡查人员应当及时纠正违章行为，无法当场处置的，应当立即向有关部门报告。

（5）新员工在上岗前必须接受消防安全培训，从事火灾危险性较大的工作的员工必须接受消防安全专业培训，并持证上岗。

（6）将热处理后的工件堆放在安全的地方，严禁将其堆放在有油渍的地面和木材、纸张等可燃物附近。

（7）员工要做到“三懂三会”，即懂得本职业的火灾危险性、懂得基本消防常识、懂得预防火灾的知识，会报火警、会扑救初期火灾、会组织疏散人员。

案例在线

违规操作引发火灾被拘

2022 年 1 月，某市消防救援支队指挥中心接到报警，该市某高分子材料科技有限公司发生火灾。该市支队指挥中心立即调派消防人员前往救援。现场火势很快得到控制，事故未造成人员伤亡。

经调查，起火原因是该公司员工井某在明知泡棉刚生产出来时温度很高，应将其放置于专用区域或室外空旷场地冷却的情况下，违反操作规程，将泡棉随意放置并离开现场。不久后，泡棉自燃并引燃周边可燃物，最终造成火灾。

调查人员经现场勘察、观看监控视频、询问当事人及目击者等，认定井某应承担因过失而引发火灾的责任。根据《中华人民共和国消防法》第 64 条的规定，井某被行政拘留 15 日。

（资料来源：https://new.qq.com/omn/20210125/20210125A02ZSV00.html，有改动）

四、警惕职业病

职业病是指企业、事业单位和个体经济组织等用人单位的劳动者在职业活动中，因接触粉尘、放射性物质和其他有毒、有害因素而引起的疾病。

根据 2013 年印发的《职业病分类和目录》，职业病包括职业性尘肺病及其他呼吸系统疾病、职业性皮肤病、职业性眼病、职业性耳鼻喉口腔疾病、职业性化学中毒、物理因素所致职业病、职业性放射性疾病、职业性传染病、职业性肿瘤和其他职业病十大类，共 132 种。

上述职业病中，职业性尘肺病是我国最常见的职业病。《2021 年我国卫生健康事业发展统计公报》显示，2021 年，全国共报告各类职业病新病例 15 407 例，其中职业性尘肺病病例有 11 809 例。职业性尘肺病对人体危害大，且一般无法治愈。从事矿山开采业、机械加工业、冶炼业的劳动者若在工作中长期吸入生产性粉尘，就有患职业性尘肺病的风险。

案例在线

矿工必须防备的“杀手”

汤某于 2007 年入职山西省大同市某煤矿公司，从事打眼放炮工作。2022 年 5 月，汤某开始出现咳嗽、胸闷、呼吸不畅、双脚水肿等症状，遂到医院检查。检查结果显示，汤某的肺部大面积纤维化，肺功能严重衰退。

随后，汤某被确诊为职业性尘肺病。

在该煤矿公司工作以来，汤某长期在封闭的矿井中钻眼、炸矿石。汤某每次工作时，该煤矿公司只为其提供一个安全帽和一只口罩。由于防护措施不到位，汤某吸入了大量生产性粉尘，不幸患上了职业性尘肺病。

职业病防治与广大劳动者的身体健康和生命安全息息相关。劳动者在劳动前应积极接受职业卫生知识培训，在劳动过程中正确使用并及时更换劳动防护用品，定期进行健康检查，学会用《中华人民共和国职业病防治法》（以下简称《职业病防治法》）、《中华人民共和国基本医疗卫生与健康促进法》等法律法规维护自己的权益。

《职业病防治法》第 15 条规定，产生职业病危害的用人单位的设立除应当符合法律、行政法规规定的设立条件外，其工作场所还应当符合下列职业卫生要求：

① 职业病危害因素的强度或者浓度符合国家职业卫生标准。

② 有与职业病危害防护相适应的设施。

③ 生产布局合理，符合有害与无害作业分开的原则。

④ 有配套的更衣间、洗浴间、孕妇休息间等卫生设施。

⑤ 设备、工具、用具等设施符合保护劳动者生理、心理健康的要求。

⑥ 法律、行政法规和国务院卫生行政部门关于保护劳动者健康的其他要求。

《职业病防治法》第 20 条规定，用人单位应当采取下列职业病防治管理措施：

① 设置或者指定职业卫生管理机构或者组织，配备专职或者兼职的职业卫生管理人员，负责本单位的职业病防治工作。

② 制定职业病防治计划和实施方案。

③ 建立、健全职业卫生管理制度和操作规程。

④ 建立、健全职业卫生档案和劳动者健康监护档案。

⑤ 建立、健全工作场所职业病危害因素监测及评价制度。

⑥ 建立、健全职业病危害事故应急救援预案。

03 第三讲 学习急救常识

日常生活中的某些突发意外伤害和危重急症一旦处理不当，往往会使小伤变成重伤、小病变成大病。如果掌握一些急救常识，当身边的人发生意外时，就能及时对其进行有效的救治与护理。

一、触电急救常识

发现有人触电时，应迅速断开电源或用干木棍、干竹竿等绝缘体挑开电线，注意不能直接用手去拉触电者或电线。电线与触电者分离后，应立即检查触电者的心跳和呼吸情况。若触电者心跳或呼吸停止，则应立即对其进行胸外按压和人工呼吸，同时拨打急救电话，寻求专业人员的帮助。

二、烫伤急救常识

一旦有人烫伤，应立即用流动的冷水冲洗伤者的伤口，或用凉毛巾敷伤者的伤口，以降低伤口的温度并减轻伤者的疼痛感。如果伤口上有衣物覆盖，应先将冷水直接浇在衣物上，待伤口充分泡湿后，再小心除去衣物。如果衣物和伤口周围的皮肤粘连在一起，切勿直接拉开粘连的衣物，而应将未粘连的衣物剪去，让粘连部分的衣物留在皮肤上，然后用清洁的纱布覆盖伤口，以防伤口受污染，并尽快将伤者送往医院治疗。

劳动小贴士

被烫伤后，要注意以下两点：

（1）不能采用冰敷的方式处理烫伤的伤口，冰会损伤已经破损的皮肤，导致伤口恶化。

（2）不要弄破水泡，也不要随意将抗生素药膏或油脂涂抹在伤口处，这些物质很容易沾染脏东西，不利于伤口恢复。

三、中暑急救常识

发现有人中暑时，应及时将中暑者转移到阴凉通风处，使其平卧并解开其上衣（见图 5-9），然后喂其喝一些含盐分的清凉饮料（不可大量补充水分，以免导致中暑者出现呕吐、腹痛、恶心等症状），最后利用扇子或电风扇帮助其散热。若中暑者的情况较为严重，必须立即将其送往医院治疗。

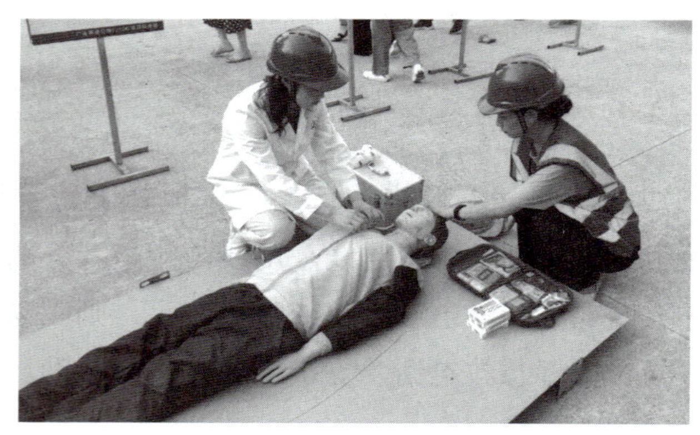

图 5-9 中暑急救

四、心脏骤停急救常识

心脏骤停起病急、死亡率高，是医学领域最危急的情况之一，若得不到及时有效的救治，4～6 分钟后，患者的脑部和其他重要器官、组织会受到不可逆的损害，甚至导致患者死亡。学习心脏骤停时的急救方法，在关键时刻能够挽救他人的生命。

（一）判断心脏骤停的方法

识别心脏骤停，主要是判断并确定患者是否出现以下“三停”：

（1）意识停止。判断患者的意识状态时，可用力拍打患者双肩并大声询问：“你怎么啦？”然后观察其是否有反应。

（2）呼吸停止。如果患者丧失意识，则应迅速判断患者是否有呼吸。一般应侧着脸在患者鼻前感受其是否有呼吸，同时侧着头平视患者的胸廓，看其胸廓是否有起伏变化。

（3）心跳停止。判断方法为：一手食指与中指并拢伸直，置于患者喉结旁的凹陷处，用指腹感受是否有搏动。

经识别，如发现患者无意识、无呼吸或心跳停止，都应第一时间拨打 120 求救。

（二）心肺复苏急救的步骤

心肺复苏是发生心脏骤停时的一种抢救方法，一般包括三个步骤，即胸外按压、开放气道和人工呼吸，具体如下：

心肺复苏急救的步骤

（1）进行胸外按压时，应使患者平卧于硬质平面上，帮其解开衣扣及裤带，按压其两乳头连线的中点（见图 5-10）。按压时，将左手手掌置于患者胸部中央，右手手掌置于左手手背上，十指相扣；上身前倾，双臂垂直，以自身的髋关节为轴，用上身的力量向下按压患者胸骨，持续按压 30 次（见图 5-11）。频率为 100～120 次/分，深度为胸骨下陷 3～5 厘米。进行胸外按压时，应最大限度地减少中断次数。

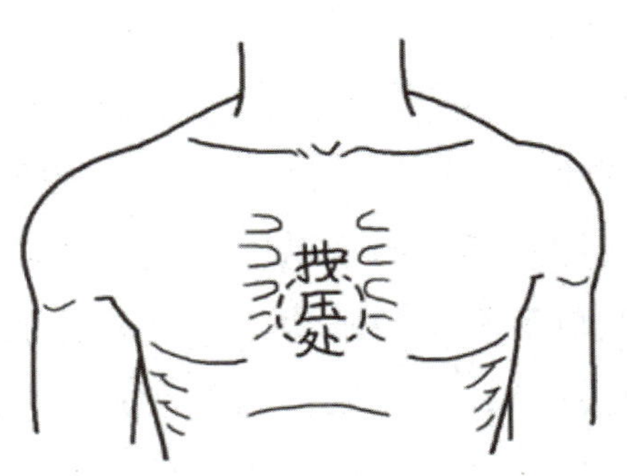

图 5-10　按压部位示意图

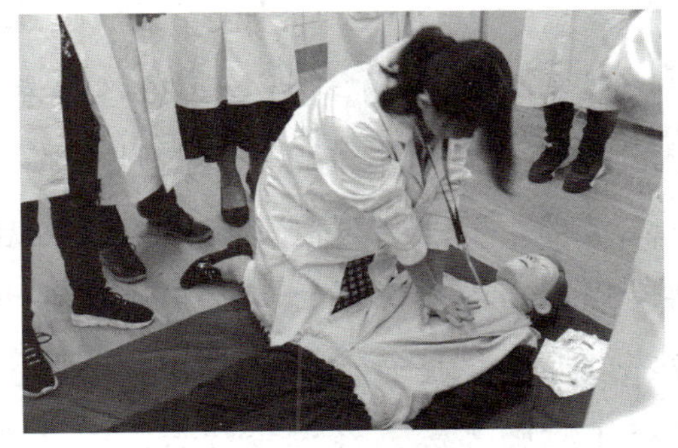
图 5-11　胸外按压示意图

（2）开放气道主要是使患者下巴与耳垂的连线垂直于地面，即呈“鼻孔朝天”状态（见图 5-12）。但要注意，在开放气道前，应该检查患者的口腔内有无分泌物及可活动假牙。若有，则应先使患者的头偏向一侧，取出分泌物及假牙。

（3）进行人工呼吸时，要将气体缓慢吹入患者口中，同时用余光观察患者的呼吸情况，以胸廓明显突起为准，然后松开患者的口鼻，使患者体内的气体顺畅地排出（见图 5-13）。

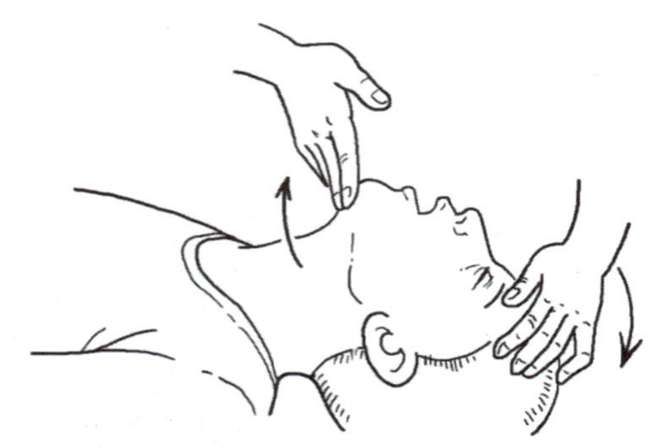

图 5-12　开放气道示意图

图 5-13　人工呼吸示意图

在进行 30 次胸外按压后，开放患者气道并进行 2 次人工呼吸，以上为一组心肺复苏操作。连续进行五组操作（约 2 分钟）后，再检查患者的情况，判断其意识、呼吸、心跳等是否恢复。现在也有研究认为，不进行人工呼吸，仅进行胸外按压，也能起到抢救效果。

QINGCHUN 青春风采 FENGCAI

中职学生为濒死患者争取抢救时间

某中职学校的学生小王在路上看到一位中年男子晕倒在地，出于一名护理专业学生的本能，她迅速上前蹲下呼唤他："叔叔，你怎么了？能听见我说话吗？"当她发现患者没有反应后，立即触摸他的颈动脉，发现颈动脉搏动停止，没有呼吸，同时用手机手电筒照射了患者的眼睛，发现他的眼睛瞳孔散大。根据自己所学知识，小王立即对患者的病情做出判断，并给患者进行了心肺复苏。经过抢救后，这名患者出现了咳嗽反应并开始呼吸，颈动脉也开始搏动。这时，小王才松了一口气。

随后，救护车赶到现场，将患者送到医院。医护人员表示，小王的施救，为这位出现濒死情况的患者争取了宝贵的抢救时间。

小王抢救路人的照片被人拍下后，在网上传了开来，大家称她为"最美中职学生"。对此，这个活泼的女孩笑着说："这是我应该做的。看到患者恢复意识的时候，真的很激动。以前我也遇到过路人晕倒的事情，但那时候

什么也不会，只能拨打 120。现在，我掌握了医学知识和急救技能，更应该去帮助那些有需要的患者。”

（资料来源：http://jiangsu.china.com.cn/html/jsnews/society/9814217_1.html，有改动）

五、其他急救常识

（一）止血常识

发现有人因受伤而大出血时，应保持冷静，迅速评估伤者的伤口大小和出血情况，然后用能完全覆盖伤口的干净敷料（如纱布、毛巾等）按压伤口进行止血。需要注意的是，按压伤口时，一定要施加足够的压力，否则无法达到止血的目的。

常用的止血方法有以下几种：

（1）伤口加压法。如果伤口没有异物且出血较少，则用干净的纱布、毛巾、绷带等物品压紧伤口或直接用手紧压伤口。如果出血较多，可以用纱布、毛巾等柔软物垫在伤口上，再用绷带包扎以加大对伤口的压力。

（2）手压止血法。用手指或手掌压迫伤口靠近心端的动脉，以阻断血液流通。这种方法通常与其他止血方法配合使用，关键是要掌握人体各部位血管止血的压迫点。手压止血法仅限用于其他止血方法无法止住伤口出血的情况，或准备敷料包扎伤口的时候。需要注意的是，施压时间切勿超过 15 分钟，如施压过久，肢体组织可能会因缺氧而损坏。

（3）止血带法。这种方法适合在四肢伤口大量出血时使用。止血带（见图 5-14）的绑扎松紧度要适宜。使用止血带的时间越短越好，最长不宜超过 3 个小时。在此时间内，每隔半个小时（冷天）或 1 个小时慢慢放松一次，每次放松 1～2 分钟，放松时可用手压止血法暂时止血。不到万不得已，不轻易使用止血带。因为使用止血带有可能把远端肢体的全部血流阻断，造成组织缺血，时间过长时会引起肢体坏死。

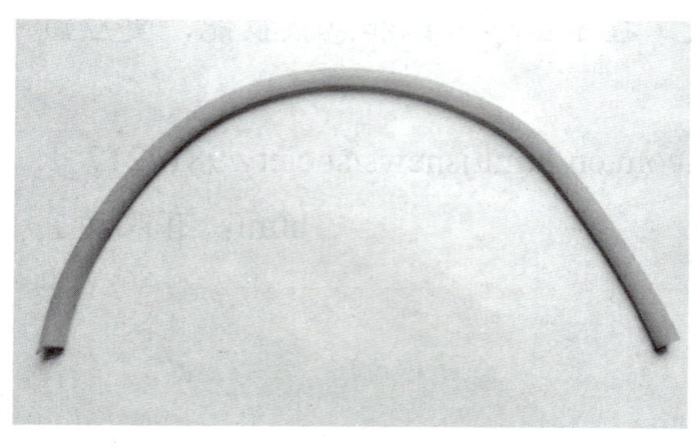
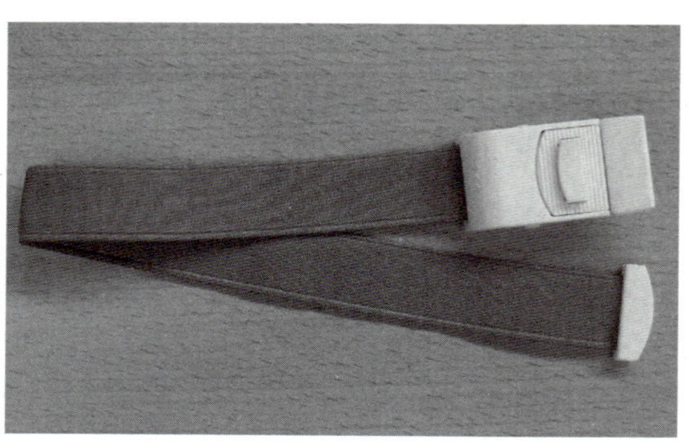

图 5-14　止血带

（二）包扎常识

包扎是指采用包扎材料对体表伤口进行覆盖或固定的行为。包扎是处理外伤时常用的急救方法之一，可以起到止血、保护伤口、固定敷料和夹板的位置、扶托受伤肢体、减轻伤者痛苦等作用。

在包扎过程中，应注意以下事项：

（1）包扎前，迅速检查伤口情况，判断伤情并采取处理措施。若伤情不严重，可先用消毒棉球蘸酒精擦拭伤口周围，除去污渍，然后用碘酒棉球对伤口周围皮肤进行消毒；若伤情严重，应及时将伤者送往医院治疗。

（2）选用清洁无菌的包扎材料。

（3）包扎既不能过紧，也不能过松，以免影响血液循环或导致纱布脱落、移位。

（4）包扎的绳结或别针固定的位置应在肢体外侧，以免伤者在坐卧时压迫到伤口。

（5）包扎动作要迅速敏捷、灵活轻巧，手不能直接碰到伤口，以免导致伤口出血或感染。

（6）常用的包扎材料有绷带、三角巾、多头带等。若没有这类材料，也可以用干净的布带、毛巾等物品代替。

知识链接

四肢包扎法

不同的部位有不同的包扎法，以下简要介绍四肢包扎法：

（1）上（下）肢螺旋包扎法（见图 5-15）：① 在伤口敷料上用绷带缠绕两圈；② 从肢体的远心端绕向近心端，每缠绕一圈就盖住前一圈绷带的 1/3～1/2；③ 剪去多余的绷带并用胶布固定绷带末端。

（2）肘（膝）关节包扎法（见图 5-16）：先用绷带一端在伤口处的敷料上环绕两圈，然后斜向经过关节，绕肢体半圈再斜向经过关节，再绕半圈回到原处。这样反复缠绕，每缠绕一圈就盖住前一圈绷带的 1/3～1/2，直到完全覆盖伤口。

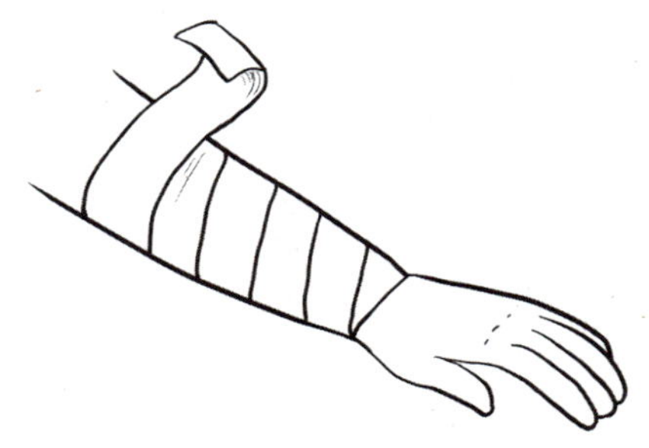

图 5-15 上（下）肢螺旋包扎法

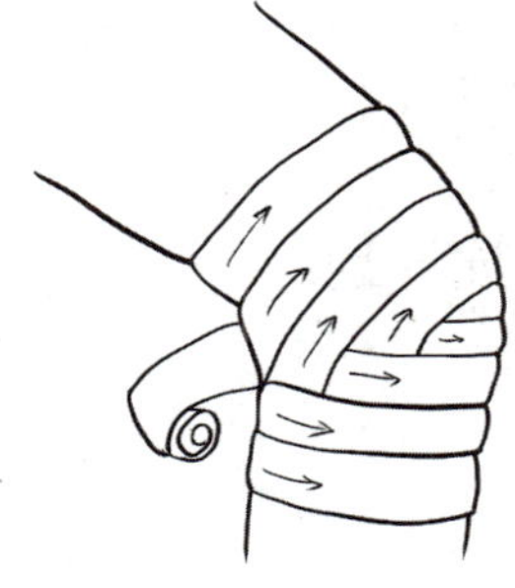

图 5-16 肘（膝）关节包扎法

（3）手（足）部包扎法（见图 5-17）：① 将三角巾底边横放于腕（踝）部，手掌（脚掌）向下放在三角巾中央；② 将三角巾的顶角反折，盖在手背（足背）上；③ 用三角巾的两个底角交叉压住顶角，在腕（踝）部绕一周打结；④ 将三角巾的顶角折回，并塞入打结部分内。

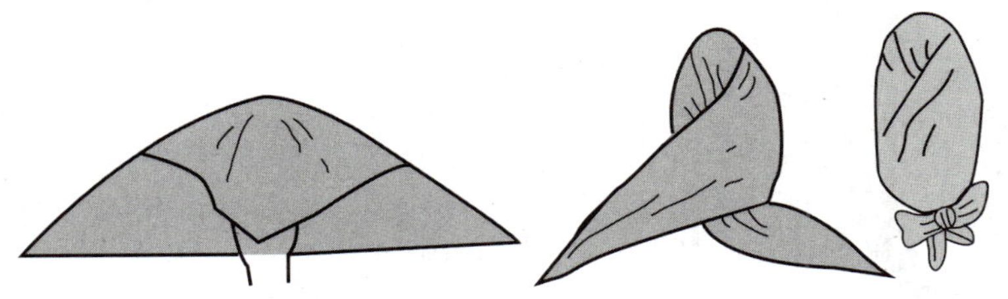

图 5-17 手（足）部包扎法

实践活动——设计劳动安全宣传方案

现实生活中，部分学生缺乏劳动安全知识，在参加劳动时可能面临危险。例如，部分学生不清楚机械安全操作规程，擅自使用机械；不清楚劳动防护用品的用途和使用方法；不清楚发生危险后如何正确自救及救助他人；等等。

为了让学生深刻体会劳动安全的重要性，引导学生强化劳动安全意识，提高劳动安全防范能力，班级组织开展“设计劳动安全宣传方案”活动。

4～6 人为一组，以小组为单位拟定劳动安全宣传的主题，并根据主题设计宣传方案。要求：将宣传方案制作成 PPT，并在课堂上进行分享；小组成员各自编写一篇活动心得体会。

活动记录

活动开展计划：

活动开展难点及解决方案：

心得体会（500 字以上）：

学习成果评价

请进行学习成果评价，并将评价结果填入表 5-2 中。

表 5-2 学习成果评价表

<table>
<tr><td>班级</td><td></td><td>姓名</td><td></td><td>学号</td><td></td></tr>
<tr><td rowspan="2">评价项目</td><td rowspan="2">评价内容</td><td rowspan="2">分值</td><td colspan="2">评分</td></tr>
<tr><td>自我评分</td><td>教师评分</td></tr>
<tr><td rowspan="4">知识
40%</td><td>劳动安全事故的分类、发生的原因</td><td>8</td><td></td><td></td></tr>
<tr><td>强化劳动安全意识的途径</td><td>8</td><td></td><td></td></tr>
<tr><td>防止劳动安全事故发生的措施</td><td>12</td><td></td><td></td></tr>
<tr><td>急救常识</td><td>12</td><td></td><td></td></tr>
<tr><td rowspan="4">技能
40%</td><td>宣传方案条理清晰，贴近实际，具有较强的教育意义</td><td>12</td><td></td><td></td></tr>
<tr><td>PPT 制作精美，讲解时观点鲜明，逻辑清晰</td><td>8</td><td></td><td></td></tr>
<tr><td>能有效防止劳动安全事故发生</td><td>10</td><td></td><td></td></tr>
<tr><td>能根据实际情况采取正确的急救措施</td><td>10</td><td></td><td></td></tr>
<tr><td rowspan="4">素养
20%</td><td>具备安全意识</td><td>5</td><td></td><td></td></tr>
<tr><td>具备团队精神，能够积极与他人合作</td><td>5</td><td></td><td></td></tr>
<tr><td>积极、认真参加实践活动</td><td>5</td><td></td><td></td></tr>
<tr><td>具备良好的学习态度</td><td>5</td><td></td><td></td></tr>
<tr><td colspan="2">合计</td><td>100</td><td></td><td></td></tr>
<tr><td colspan="2">总分（自我评分×40%+教师评分×60%）</td><td colspan="3"></td></tr>
<tr><td>自我评价</td><td colspan="4"></td></tr>
<tr><td>教师评价</td><td colspan="4"></td></tr>
</table>

实践篇

SHIJIANPIAN

模块六
家务劳动，自立自强

家务劳动涉及学生学习和生活的方方面面，包括洗衣做饭、打扫卫生、维修和养护家用器物等，是学生培养自理能力和自立能力的必修课。学生进行家务劳动，有助于培养吃苦耐劳的精神、坚忍不拔的毅力和坚强的意志；有助于形成良好的品质，学会关心、体谅他人，善于与人合作；有助于增强办事的条理性，养成认真负责、注重细节的良好习惯。

生命在于运动。家务劳动是最好的微运动，不仅有益于身体健康，还能够使人从中获得幸福感和成就感。

知识目标

- ✧ 掌握衣物清洗、熨烫、缝补和收纳的技巧。
- ✧ 熟悉如何选购食材、制作冷菜和热菜。
- ✧ 了解调味品与火候、饮食营养与健康等的相关知识。
- ✧ 掌握扫地拖地、门窗除垢等的相关知识。
- ✧ 了解家用器物养护与维修的相关知识。

素质目标

- ✧ 主动分担家务，培养家庭责任感和主人翁意识，树立主动劳动、热爱劳动的观念。
- ✧ 树立“爱劳动、会劳动”的意识，在日常生活劳动中增长才能、磨砺品质、提升劳动素养。
- ✧ 从小事做起，培养良好的生活习惯，做时代新人。

课堂导入

烟台市2022年寒假学生家务劳动清单

（1）每三天至少做一次饭。寒假是培养学生家务劳动能力的最佳时机。为丰富烟台市学生的寒假生活，培养良好的劳动观念、劳动习惯和家务劳动能力，根据国家、省有关规定，结合《烟台市教育局办公室关于建立中小学生劳动教育清单制度的意见》，烟台市教育局印发《烟台市2022年寒假学生家务劳动清单》，对全市中小学生、职业院校学生等提出寒假家务劳动具体要求。其中，针对高中段、职业院校学生的家务劳动清单包括以下内容:

（2）整理、清理自己的四季衣服。

（3）整理、清理自己的书桌、书柜。

（4）对自己房间进行大扫除。

（5）检测、维修小家电。

（6）设计一个家庭环境美化方案。

（7）策划一次家庭聚餐并亲自动手为大家做一桌节日饭菜。

（资料来源：
https://news.sosd.com.cn/NewsShow.aspx?id=190683，有改动）

【想一想】

（1）你是否常做家务？你会做哪些家务？

（2）你喜欢做家务吗？为什么？

01 第一讲 保持衣物整洁

千里之行，始于足下。一个人如果想有所成就，就不能忽视那些不起眼的小事。我们应从洗衣、熨烫、缝补、收纳等小事做起，在日常生活中养成良好的劳动习惯。

一、清洗

（一）洗前的准备工作

1. 区分衣物

在清洗衣物之前，应将衣物区分开来，以免其中有些衣物受到其他衣物的污染，具体如下：

（1）内衣与外衣要分开。

（2）儿童的衣物与成人的衣物要分开。

（3）健康人的衣物与病人的衣物要分开。

（4）不同颜色的衣物要分开。

2. 区分衣物面料

常见的衣物面料包括纺织纤维和皮革等。纺织纤维包括天然纤维和化学纤维，其中，天然纤维包括植物纤维（如棉、麻等）和动物纤维（如羊毛、蚕丝等），化学纤维包括人造纤维（人造毛、人造棉、人造丝等）和合成纤维（涤纶、腈纶、氨纶、丙纶等）。皮革由真皮、再生皮和人造革组成。不同的面料具有不同的特点，应针对不同的面料采用不同的清洗和保养方法，具体见衣物上的水洗标（见图 6-1）。

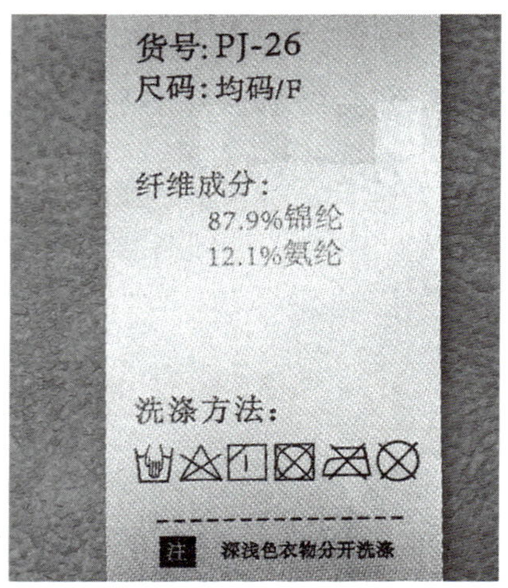

图 6-1 水洗标

3. 检查衣物表面及口袋

检查衣物表面是否有难以清洗的脏东西（如油漆、嚼过的口香糖等），如有，应在清洗前处理掉；检查衣物口袋中是否有钱币、首饰、票据、卫生纸等物品，如有，应及时取出。

（二）清洗方法

清洗衣物的方法主要包括手洗和机洗两种。

1. 手洗

（1）可手洗的衣物：丝（麻）织品，人造棉、毛、丝制品，羽绒制品，沾有汽油的衣物等。另外，可机洗的衣物，如果领口、袖口等部位污物很多且机洗难以洗净时，可先手洗再机洗。

羽绒服清洗技巧

（2）手洗衣物的要求：① 注意领口、袖口等容易脏的地方；② 根据衣物的面料，对衣物进行合理浸泡，但应注意浸泡时间；③ 要用清水将衣物漂洗干净。

（3）手洗衣物的基本方法：① 搓洗，把衣物浸泡在水里反复揉搓，去掉衣物上的污渍；② 刷洗（见图 6-2），用刷子蘸水来回刷衣物，直至把污渍刷掉，适用于清洗衬衣和牛仔服；③ 拎洗，在盆内倒入适量清水，加入清洗剂，将衣物放入水中浸透，然后抓住衣物的上端，从盆内拎起再放入，重复上述动作，直至把污渍洗掉，适用于清洗丝绸类衣物，尤其是绢丝类衣物；等等。

2. 机洗

家庭中使用的洗衣机可分为两类：一类是全自动洗衣机，另一类是半自动洗衣机。

（1）用全自动洗衣机清洗衣物时，可根据衣物情况选择合适的清洗功能进行清洗。图 6-3 是某全自动洗衣机的清洗功能。

图 6-2　刷　洗

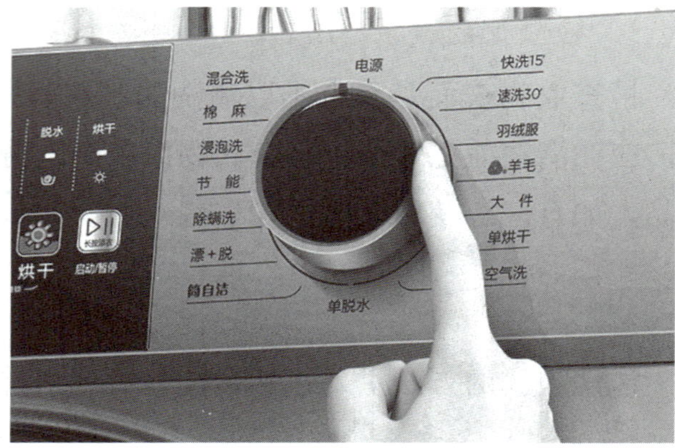

图 6-3　某全自动洗衣机的清洗功能

（2）用半自动洗衣机清洗衣物时，可按以下程序操作：

① 注水。根据所清洗衣物的质量或体积，向洗衣机水桶注入适量的水（水量应在机器规定的上下限水位内），倒入适量的清洗剂，然后放入要清洗的衣物。

② 洗涤。根据要求选择清洗按键，并根据衣物面料和衣物脏污程度选择清洗时间。

③ 漂洗。漂洗 2～3 次，每次 2～3 分钟，直至衣物干净。

④ 脱水。将洗干净的衣物均匀地放入脱水桶内，放好脱水桶压盖，盖好桶盖进行脱水。

⑤ 取出。脱好水后，及时取出衣物晾晒。

（三）晾晒方法

科学合理地晾晒衣物，是保持衣物良好形态的重要环节。在衣物清洗完毕后，要根据衣物的面料、颜色等来确定晾晒方法。以下简要介绍几类不同面料衣物的晾晒方法：

（1）棉麻类衣物，一般可放在阳光下直接晾晒，为避免褪色，衣物最好反面朝外。

（2）丝绸类衣物，其耐光性差，经暴晒后会褪色，因此应反面朝外，放在阴凉通风处自然晾干，严禁用火烘烤。

（3）毛料衣物，反面朝外，放在阴凉通风处晾干。

（4）化学纤维衣物，在阴凉处晾干，不宜在日光下暴晒，以免面料发黄。

劳动小贴士

床上用品会与皮肤直接接触，因此平时要注意清洗床上用品。一般来说，床上用品的清洗频率可根据季节来确定，夏季一周清洗一次，冬季两周清洗一次。最好在晴天清洗，让清洗后的床上用品接受紫外线的照射，从而有效清除细菌和螨虫。

二、熨烫

（一）熨烫步骤

（1）向熨烫机内注水。最好向熨烫机内注入冷开水或纯净水，因为冷开水或纯净水加热后一般很少会产生水垢，有利于避免熨烫机的喷气孔被水垢堵塞。

（2）选择温度。熨烫机上一般会有调节温度的旋钮，使用时可根据衣物面料选择合适的温度，也可根据衣物水洗标上的熨烫标志选择合适的温度。常见的熨烫标志及其含义如图 6-4 所示。

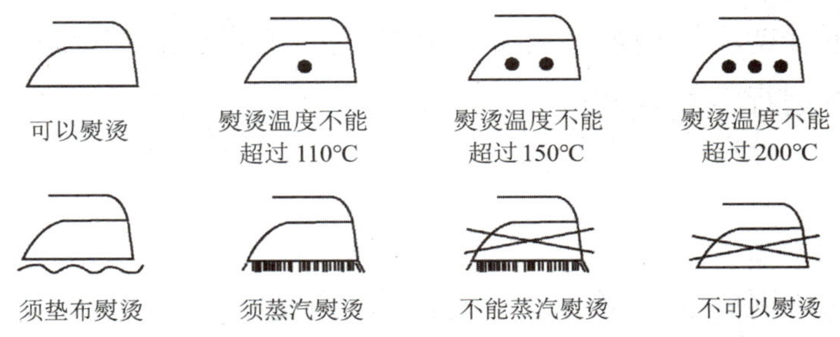

图 6-4 常见的熨烫标志及其含义

（3）熨烫。应在水温达到所调温度后再开始熨烫，因为在温度不够时，无法达到理想的熨烫效果。熨烫过程中应保持衣物平整，以免在衣物上留下新的褶皱。

（4）熨烫完的衣物不要马上放入衣柜，而应先挂在通风处，待衣物干透之后再放入衣柜，以免衣物发霉。

（二）不同面料衣物的熨烫方法

（1）棉麻衣物。棉麻衣物的熨烫温度一般为 160～200 ℃。

熨烫要领：动作敏捷，但速度不能过快；往返熨烫的次数不宜过多；用力不宜过猛；熨烫淡色棉麻衣物时应保持匀速，以免衣物局部因熨烫时间过长而发黄。

（2）丝质衣物。丝质衣物的熨烫温度一般为 110～120 ℃。丝质衣物的熨烫温度不能过高，以免衣物褪色、软化、变形等。

熨烫要领：垫布熨烫，或熨烫衣物反面；熨烫机不能在一个地方停留过久，以免产生烙印水渍，影响衣物的美观度。

（3）皮衣。皮衣的熨烫温度一般在 80 ℃以下。

熨烫要领：垫干燥的薄棉布进行熨烫；用力要轻，以防损坏衣物。

（4）毛织衣物。对于毛织衣物，要根据衣物的厚度来选择熨烫温度，一般而言，薄款毛织衣物的熨烫温度在 150 ℃以下，厚款毛织衣物的熨烫温度在 200 ℃以下。

熨烫要领：垫湿布熨烫；平稳地移动熨烫机，移动速度不宜过快。

（5）合成纤维衣物。不同的合成纤维衣物，其耐热程度各不相同。在对合成纤维衣物进行初次熨烫前，可先在衣物里面不明显的部位试熨，在调整好熨烫温度后，再进行大面积熨烫。

三、缝补

缝补衣物的常用针法有平针缝、藏针缝、锁边缝、包边缝、扣眼缝等。

（1）平针缝（见图 6-5）是最基础的针法，也是最常用的针法。这种针法主要用于拼接布料和缝制布料的轮廓。采用这种针法时要注意针脚均匀，一般为 3 毫米左右，也可根据实际情况调整。

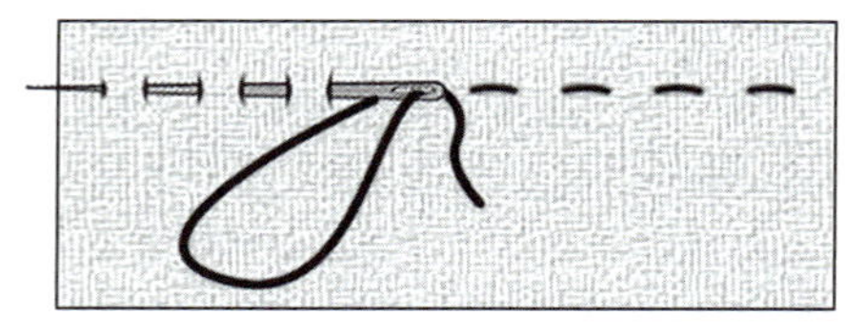

图 6-5　平针缝

（2）藏针缝（见图 6-6）是一种很实用的针法，能够有效隐匿线迹，常用于缝制衣物上不易在反面缝合的区域。

（3）锁边缝（见图 6-7）一般用于缝制织物的毛边，以防织物的毛边散开。

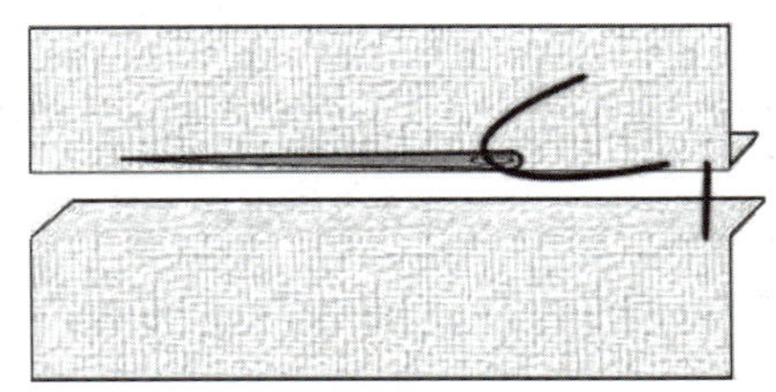

图 6-6 藏针缝

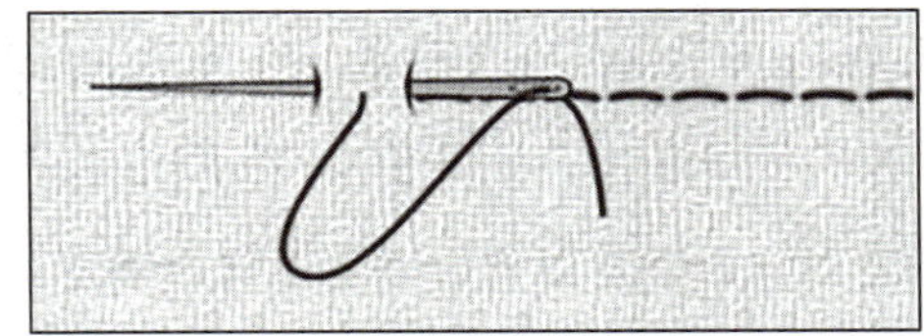

图 6-7 锁边缝

（4）包边缝（见图 6-8）、扣眼缝（见图 6-9）与锁边缝用途相同，但装饰性和实用性更强。

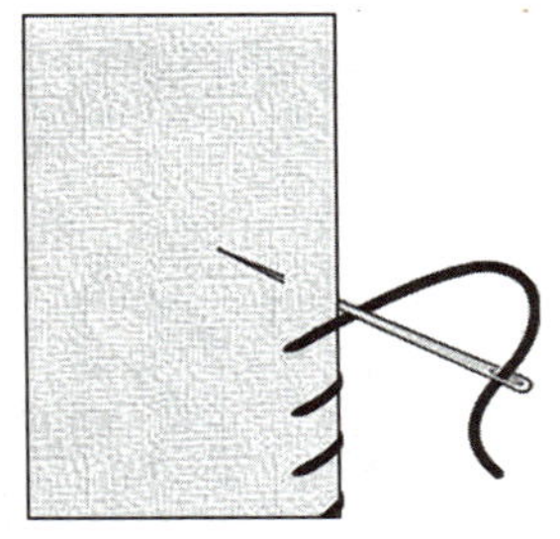

图 6-8 包边缝

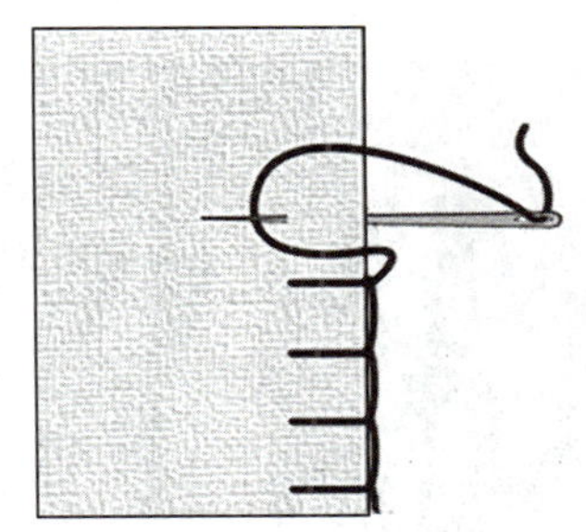

图 6-9 扣眼缝

探究与分享

情景一：小明在跑步时不小心摔倒，磕破了裤子，准备自己动手缝好。

情景二：母亲节马上到了，小菲想亲手缝制一个香囊送给妈妈。

请问：在上述两种情景中，小明和小菲分别应采用哪种针法？

四、收纳

衣服收纳小技巧

（1）西服：西服上衣是立体剪裁，不宜折叠，因此最好用衣架撑起西服上衣，再将其挂在衣柜内（见图 6-10），以免西服上衣变形，影响美观。摆放西裤时，可用带夹子的衣架夹着折叠好的西裤的裤脚，使西裤悬垂挂放，也可将西裤横挂于衣架上或折叠后放入衣柜。暂时不穿的西服，应用专用衣罩罩起来，并挂在衣柜内，以保持西服干净、整洁。

（2）羽绒服：对于羽绒服，要拉上拉链或扣上扣子，将衣袖平行叠于胸前，将衣服下摆向上折叠至所需大小，双手慢慢挤压出羽绒服内的空气，然后放入衣柜。可在衣服内放置 3～5 粒用白纸包好的樟脑球，以防衣服被虫蛀。

（3）棉衣：对于棉衣，要拉上拉链或扣上扣子，将衣袖平行叠于胸前，将衣服下摆向上折叠好，然后放入衣柜。需要注意的是，棉衣容易受潮生霉，必须拆洗干净，晒干、晾凉后再放入衣柜，并在衣服内放置 3～5 粒用白纸包好的樟脑球，以防衣服被虫蛀。

（4）小衣物：内衣、袜子等小衣物，可将其卷好后放入抽屉中，如图 6-11 所示。

图 6-10　挂在衣柜内的西服上衣

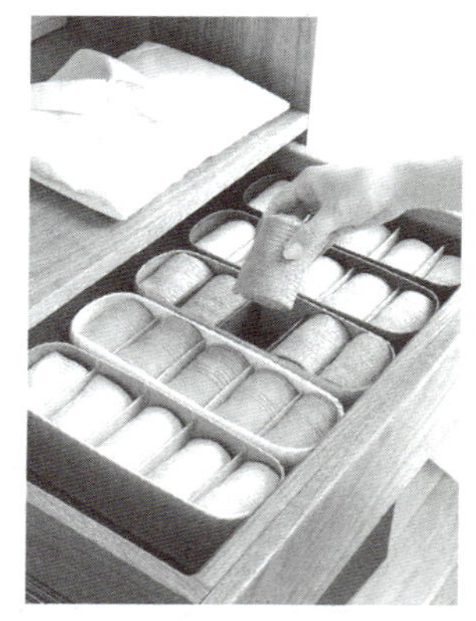

图 6-11　将小衣物收纳于抽屉中

（5）棉被、毛毯：将棉被、毛毯折叠成合适的大小存放。棉被、毛毯吸湿性强，可先将其装入密封性较好的包装袋中（见图 6-12），并在包装袋中放入数粒用白纸包好的樟脑球，再放入衣柜。

（6）鞋子：对于布鞋，可将其晒干后直接放入鞋盒；对于棉鞋，应在鞋内放入数粒用白纸包好的樟脑球；对于需要刷鞋油保养的鞋子（如皮鞋），应刷好鞋油后再放入鞋盒（见图 6-13）。

（7）帽子：针织帽子洗净晒干后可直接存放在衣柜内，外形立体的帽子应挂放在衣柜内，必要时可用物品填充，以防变形，如图 6-14 所示。

图 6-12 将棉被装入密封性较好的包装袋中

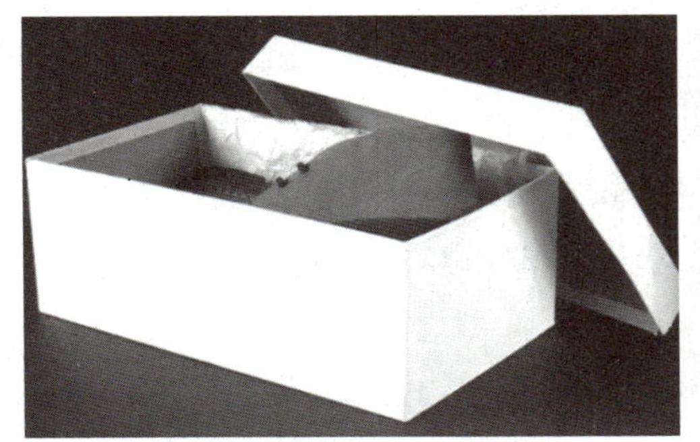

图 6-13 鞋子收纳

图 6-14 帽子收纳

02 第二讲 学会烹饪

对于许多学生来说，做饭这样的“小事”，常常成为考验其独立生活能力的“大事”。从“家常菜”到“营养均衡、色香味俱佳的佳肴”，做饭不仅是一项生活技能，而且是一项能让人们享受烹饪乐趣、用美食调剂生活的活动。

一、选购食材

选购食材要有计划地进行，即确定用餐人数→确定购买数量→确定购物地点。需要注意的是，最好从货源可靠的购物地点购买食材。例如，到大菜市场购买蔬菜、肉、蛋、禽、水产类食材，到正规超市购买奶制品、速冻食品、调味品等。

（一）选购安全的食材

选购食材时，要特别注意食材的安全问题。选购安全的食材，可从以下几个方面进行。

1. 检查食材的品质

可以运用感官，依据经验来判断食材的品质。例如，用鼻子鉴别食材的气味，了解其是否存在气味异常情况；用眼睛观察食材的外部特征，查看其是否霉变、腐败；敲击食材（如禽蛋）的外壳，用耳朵辨别发出的声音是否正常；用舌头品尝食材的滋味，辨别其滋味是否正常；用手触摸食材的表面，了解其弹性和软硬程度是否正常。

2. 查看食材的卫生状况

观察购物环境是否卫生，如有没有苍蝇、蟑螂、老鼠等；操作人员是否按规范进行操作，如是否戴口罩；抹布、案板、容器及其他相关工具是否按规范使用；等等。

3. 识别食材的标签

可从食材的标签了解食材是否安全：

（1）认证标志。很多食材的包装上有各种认证标志，如有机食品标志、绿色食品标志（见图 6-15）、无公害农产品标志（见图 6-16）等，这些标志代表着食材的安全品质和管理质量。

图 6-15 绿色食品标志

图 6-16 无公害农产品标志

（2）生产日期和保质期。食材的保质期是指食材在正常条件下可以保证

质量、安全使用的期限，是食材的最佳使用期。不宜使用超过标签上标注的保质期的食材。此外，从生产日期和保质期上，还可以判断食材的新鲜程度。

（3）配料表。查看食材配料表中的配料是否符合要求，是否添加了不利于人体健康的食品添加剂。

（二）选购健康的食材

在选购食材时，要特别注意食材的营养价值，尽量做到科学搭配。人体所必需的营养素有蛋白质、脂肪、碳水化合物、矿物质、维生素、水等。这些营养素主要通过以下食物获取：

（1）粮食。粮食（如大米、小麦、玉米、红薯、大豆等）是传统膳食的主体，含有碳水化合物及人体所需的其他微量元素等，是人体能量的主要来源。

（2）肉类。肉类包括各种畜肉、禽肉、鱼肉等，主要含有优质蛋白质、脂肪、无机盐和维生素等，营养价值较高，食用肉类有利于提高人体免疫力。

（3）蔬菜和水果。蔬菜和水果（见图 6-17）主要含有维生素、无机盐、膳食纤维等，在为人体提供能量的同时，也能促进肠蠕动，预防便秘，促进体内的废物和毒素排出体外等。其中，水果中含有维生素 C，食用水果可增强人体免疫力；水果中还含有丰富的葡萄糖、蔗糖、果糖等，能直接被人体吸收，产生热能。

图 6-17 蔬菜和水果

二、调味品与火候

（一）调味品

调味品是指在饮食、烹饪和食品加工中广泛应用的，用于调和滋味和气味并具有去腥、除膻、解腻、增香、增鲜等作用的物品。日常生活中，常见的调味品有油、盐、酱油、醋、味精、鸡精、芝麻油、酱类（如芝麻酱、番茄酱等）、豆豉、腐乳（如红腐乳、白腐乳等）、蚝油、鱼露、料酒，以及香辛料（如辣椒、桂皮、八角等）等，如图 6-18 所示。

图 6-18　调味品

（二）火候

烹饪菜肴十分讲究火候，如果没有把握好火候，所烹饪的菜肴或烧焦、或未煮熟、或失去应有的味道。一般可根据以下两点来确定火候：

（1）食材的性质。如果食材较软、嫩、脆，宜用旺火进行短时间烹煮；如果食材较硬、老、韧，宜用小火进行长时间烹煮。

（2）烹饪技法。采用炒、爆、炸等烹饪技法制作菜肴时多用旺火，采用烧、炖、煮、焖等烹饪技法制作菜肴时多用小火。

探究与分享

你知道哪些关于烹饪的知识？跟同学们分享一下吧。

三、制作冷菜和热菜

（一）制作冷菜的方法

冷菜又称凉菜，是将食材烹制成熟，在切配、调味、装盘后进行冷食，或者不通过加热工序，直接将食材切配、调味后食用的一类菜肴。冷菜是人们在日常生活中经常食用的一类菜肴，如凉拌黄瓜（见图 6-19）、凉拌黑木耳、蔬菜沙拉等。

图 6-19　凉拌黄瓜

以下简要介绍几种日常生活中常用的制作冷菜的方法：

（1）拌。拌是指将食材切成丝、片、条或块等形状，加入调味品搅拌后，直接食用的菜肴制作方法，代表菜肴有葱油拌海蜇、麻辣肚丝等。由于使用的调味品不同，以拌制作而成的冷菜的味道也有诸多变化，如咸鲜味、酸甜味、酸辣味、芥末味、椒麻味、麻辣味等。

（2）腌。腌是指用盐、糖、醋、料酒等制作成调味汁，再将食材放入调味汁中，使调味汁渗透于食材中的菜肴制作方法，代表菜肴有酸白菜、糟鸡、醉蟹等。腌制而成的冷菜脆嫩爽口。

（3）卤。卤是指将食材放入用调味品配好的卤汁中烹煮至熟，然后晾凉的菜肴制作方法，代表菜肴有卤鸭、卤肫等。卤有白卤、红卤之分，其中，白卤是放盐、水和香辛料烹煮；红卤是放酱油、糖、水和香辛料烹煮。

（4）炝。炝是指将切成一定形状的食材进行制熟处理（如焯水），之后趁热加入调味品搅拌均匀，再晾凉的菜肴制作方法，代表菜肴有炝西蓝花、炝生菜等。

（5）油炸卤浸。油炸卤浸是指用油将食材炸制后，将食材倒入调配好的调味汁中浸渍或进行加热收汁，使调味汁渗透食材的菜肴制作方法，代表菜肴有油爆虾、油爆鱼等。

（二）制作热菜的方法

热菜是指经过蒸、炒、煎、炸、焖、烤等程序制作而成的，需趁热食用的菜肴。热菜的种类很多，制作方法多样，以下简要介绍几种日常生活中常用的方法：

（1）蒸。蒸是指将食材直接放入或调味后放入蒸锅中，以蒸汽将其加热至酥烂入味的菜肴制作方法，代表菜肴有东坡肉、粉蒸肉等。

（2）炒。炒是指将食材切成丁、丝、片等形状后，放入热油锅内，加入适量的调味品，快速翻炒搅拌的菜肴制作方法，代表菜肴有芹菜炒肉、番茄炒鸡蛋等。

（3）炖。炖是指将食材切成丁、丝、片等形状后，放入装有调味品的炖锅中，再倒入适量的水，用小火进行长时间烹制，使食材熟软酥烂的菜肴制作方法，代表菜肴有鸡肉炖蘑菇（见图 6-20）、猪肉炖粉条、排骨炖豆角等。炖制而成的菜肴具有汤多味鲜，保持原汁原味，形态完整，酥而不碎等特点。

（4）煎。煎是指在锅中倒入少量油并加热，再放入切成扁平状的食材，将食材用小火煎至两面金黄的菜肴制作方法，代表菜肴有煎酿西蓝花、鹅肝酱煎酿藕饼、生煎牛排等。

（5）煮。煮是指将食材放入装有适量水的汤锅中，再加热至食材成熟的菜肴制作方法，代表菜肴有开水白菜、水煮肉片等。

（6）炸。炸是指将食材切成一定形状，再放入调好的调味汁中浸至入味，然后进行拍粉或挂糊，最后放入倒有较多油的油锅中加热成熟的菜肴制作方法，代表菜肴有蒜香排骨（见图 6-21）、椒盐小黄鱼等。炸制而成的菜肴具有外香酥、里鲜嫩的特点。

图 6-20 鸡肉炖蘑菇

图 6-21 蒜香排骨

知识链接

烹饪的注意事项

1. 用火安全

在使用燃气灶烹饪食物时，应注意以下四点：

（1）烹饪过程中不要远离厨房，以防汤水溢出浇灭火苗造成燃气泄漏。

（2）厨房内禁止存放酒精、汽油等易燃危险物品，以免引起火灾。

（3）保持燃气灶周围空气流通。

（4）若闻到燃气味或者怀疑燃气泄漏，则应立即关闭燃气阀门和附近的火源，同时打开门窗进行通风，注意不要开关任何电器，包括手机。若燃气味浓烈，则应立即离开现场并打电话报警，同时通知邻居撤离。

2. 用电安全

在使用电饭煲、电磁炉等电器烹饪食物时，应注意以下两点：

（1）不用未擦干的手接触电器，以防触电。

（2）用完电器后，应关掉开关并拔下插头，以防电器因长时间通电而损坏。

3. 烹饪工具使用安全

在使用烹饪工具的过程中，应注意以下四点：

（1）玻璃器皿、瓷器不能摆放在操作台边缘，以免摔破伤人。

（2）在使用刀具前，应检查刀具，确保刀具完好无损，以免在使用过程中发生意外。

（3）在用刀具处理食材时，应使用正确的握刀姿势和扶料姿势，如图 6-22 所示。

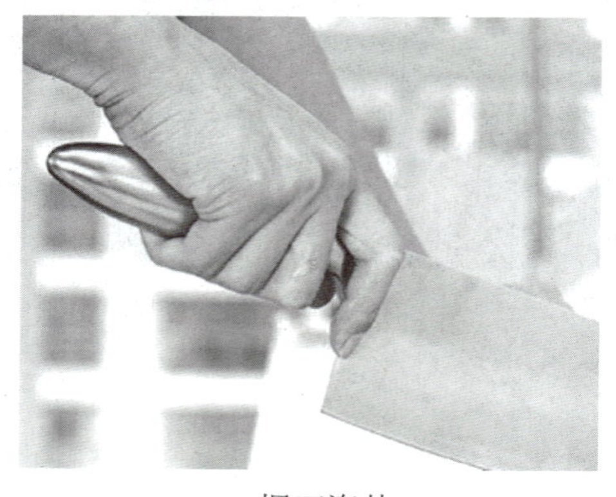
握刀姿势

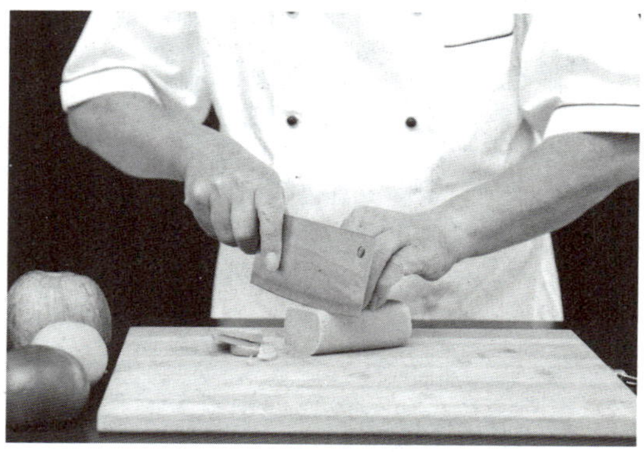
扶料姿势

图 6-22 正确的握刀姿势和扶料姿势

（4）在用完刀具后，应将其插入刀套或放入刀架内，不得将其放在操作台边缘及过高处，以免坠落伤人。

4. 其他注意事项

除上述注意事项外，在烹饪食物时，还应注意以下三点：

（1）制作菜肴时，锅内的汤水不宜过多，以免溢出引发意外。

（2）在拿刚蒸好或烤好的食物时，应戴隔热手套。若没有隔热手套，则可用干毛巾代替。

（3）为避免烹饪过程中热油飞溅的情况，应尽量减少食材表面的水分。

四、饮食营养与健康

营养均衡的膳食不仅可以保证人体各项生理功能的正常运行，还可以提高人体的抵抗力和免疫力，有利于预防和抵抗某些疾病。

根据中国营养学会编制的《中国居民膳食指南（2022）》，一般人群可遵循以下八条膳食准则合理进食：① 食物多样，合理搭配；② 吃动平衡，健康体重；③ 多吃蔬果、奶类、全谷、大豆；④ 适量吃鱼、禽、蛋、瘦肉；⑤ 少盐少油，控糖限酒；⑥ 规律进餐，足量饮水；⑦ 会烹会选，会看标签；⑧ 公筷分餐，杜绝浪费。

图 6-23 为中国居民平衡膳食宝塔（2022）。

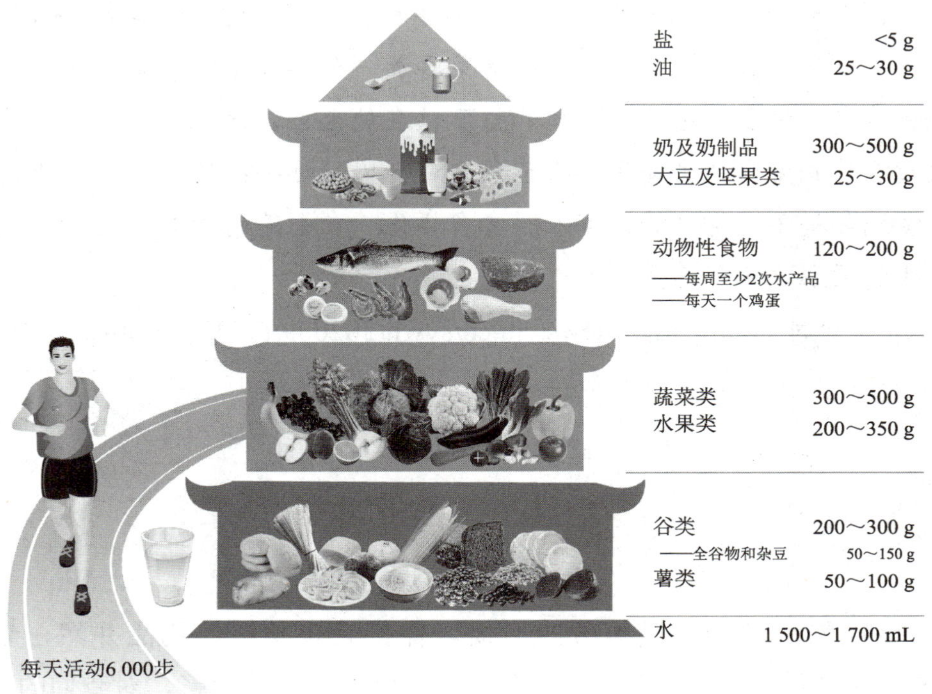

图 6-23 中国居民平衡膳食宝塔（2022）

青春风采 QINGCHUN FENGCAI

“00 后”将家务劳动玩出了“花样”

知道什么样的肉最新鲜，能分辨哪些蔬菜是“假新鲜”，几分钟就能整理好被套、枕套……在武汉市第二职业教育中心学校有一批特别的“00 后”，在老师的引导下，他们将所学专业和生活紧密结合，将家务劳动玩出了“花样”。

该校老师介绍，学校一直引导学生将所学专业融入生活中，这也是学校推行劳动教育的一种方式，不仅能增加学生的实践机会、提高学生的动手能力，而且能帮助学生养成良好的习惯，从而会生活，爱生活。

小范是该校中餐烹饪和营养膳食专业 1809 班的学生。“从高一开始，给家人做饭便成了家庭作业。”小范说。老师经常提醒他们，仅在课堂上的专业学习远远不够，必须将理论和实践结合起来，可以先从给家人做饭开始。于是，小范从做凉拌木耳和麻婆豆腐开始，慢慢取代父母成了“家庭主厨”。

现在，小范每天负责做全家人的早餐和晚餐。

“到了秋季，可以多吃黑色食品补身体。”小范说。秋季时，他会给父母准备黑米粥、饺子或包子、一碟青菜再加一个鸡蛋当作早餐。每天晚上，他会将黑米、黑豆、莲子、薏仁和红枣放在炖盅里，设定好时间，这样早上很快就能吃到丰富的早餐了。小范每天都会为父母安排不同口味和种类的饮食，做到餐餐不重样，保证家人膳食多样化。在小范的精心调配下，困扰妈妈多年的便秘也不药而愈。

（资料来源：http://news.cjn.cn/sywh/202009/t3706473.htm，有改动）

03 第三讲 整理居室

在日常生活中养成做家务的习惯，保持屋舍整洁、物品井然，勤于清洗，过一种“有序”的生活，能让我们容光焕发、心情舒畅，对我们的学习和工作也有很大的促进作用。

一、屋舍整洁

（一）扫地小技巧

（1）清扫室内地面时，扫帚尽量不离开地面；挥动扫帚时，可稍用力向下压，这样既能清扫灰尘和垃圾，又能防止灰尘扬起；一般从狭窄处扫向宽广处、从边角处扫向中央处、从屋里扫向门口。

（2）地上毛发较多时，可将废弃的旧丝袜套在扫帚上扫地。丝袜在与地面摩擦时会产生静电效应，很容易吸附地上的毛发和灰尘。如果没有丝袜，套塑料袋也可以起到同样的作用。

（3）清扫楼梯时，可以站在清扫台阶的下一级或两级台阶处，将垃圾从两端扫至中央再往下扫。这样能有效防止垃圾和灰尘从楼梯两端掉下去。

（4）清扫室外区域时，应顺着风向扫，以免扫过的区域被再次弄脏。

（二）拖地小技巧

（1）巧用食盐。用温水加上食盐拖地，不仅能加快地上水分的蒸发速度，不留水渍，还能杀菌、抑菌。

（2）巧用洗洁精、醋和小苏打。在擦洗地板的水中加入少量洗洁精、醋或小苏打，不仅能轻松除尘，还能有效去油污。

（3）巧用柠檬汁。柠檬汁中的烟酸和有机酸具有杀菌作用。拖地时，在水里加少量柠檬汁或柠檬精油，不仅能有效杀菌，还能保持空气清新。

（三）门窗除垢

（1）清理门窗边框。先用废旧牙刷或专用的小刷子清理缝隙里的污渍，再擦拭门窗边框。

（2）擦拭玻璃。第一遍用湿布擦拭，第二遍用干报纸擦拭。用干报纸擦拭不仅能擦干玻璃上的水分，还能避免在玻璃上留下痕迹，使玻璃更加干净明亮。

（3）对于纱窗，可不定时用水冲洗或用湿布擦拭，避免纱窗上落满灰尘。

知识链接

玻璃擦拭技巧

（1）有些玻璃时间久了会发黑，对于这种玻璃，可用细布蘸取适量牙膏擦拭。

（2）沾有油漆的玻璃可用绒布蘸取适量食醋擦拭。

（3）玻璃上的顽固污渍可用湿布蘸取适量白酒擦拭。

（4）用洗刷鲜蛋壳后得到的蛋白与水的混合溶液擦拭玻璃，可有效增加玻璃的光泽。

（5）沾有石灰水的玻璃可用湿布蘸取适量细沙轻轻擦拭。

二、物品摆放井然

（1）按照使用频率分类收纳物品，将常用的物品放在显眼处，不常用的物品收纳在柜子里。例如，将油、盐、酱、醋等常用物品放置在厨房操作台上，备用油、盐等放在橱柜中；将每天使用的拖鞋置于易拿取处，过季的鞋子放在不易拿取处；将每天出门时需要换的衣服、帽子等挂在随手可拿的地方，过季的衣物放在柜子里或收纳箱中。

（2）借助收纳盒收纳。厨房的抽屉内可配置大小合适的盒子，将筷子、勺子等分别置于其中；可借助不同盒子划分书桌抽屉的内部空间，分类收纳各种小物品。

（3）垂直收纳，即利用空着的墙面收纳物品。例如，在书桌上方的墙面上放置两层或者三层置物架，在厨房墙面上悬挂收纳篮，等等。

（4）利用好角落空间。客厅、餐厅、卧室的角落是很好的收纳空间，有效利用这些角落（如放置移动的收纳架），不仅不会使我们的住处显得拥挤，还会营造出一种特别的美感。

图 6-24 和图 6-25 分别为物品摆放井然的厨房操作台和书桌桌面。

图 6-24　物品摆放井然的厨房操作台

图 6-25　物品摆放井然的书桌桌面

04 第四讲　家用器物养护与维修

在日常生活中，如果长期不对家用器物进行养护，不仅影响家用器物的正常使用，而且容易导致家用器物损坏。为了确保家用器物的正常使用并延长家用器物的使用寿命，应采用正确的养护方法定期对家用器物进行养护。

此外，如果家用器物出现故障，不能使用时，可以先寻找出现故障的原因。对于已过保修期但故障不大的家用器物，可以尝试自己动手修理；如果故

障较严重，则要请专业维修人员修理。

一、家用器物养护

家用器物多种多样，不同的家用器物需采用不同的养护方法。以下简要介绍电视、冰箱、洗衣机等的养护方法。

（一）电视养护

（1）不持续长时间使用电视，以免电视内部的零件因温度过高而损坏。

（2）将电视放置于干燥、通风的地方，以免电视内部的零件受潮而影响电视的正常使用。

（3）清理电视屏幕时，应用软布蘸取少许玻璃清洁剂轻轻擦拭屏幕（见图 6-26），避免划坏屏幕表面。

（4）不使用电视时，应将电源断开。

（二）冰箱养护

（1）使用单独电源线和专用插座，不与其他电器合用同一个插座，以保证用电安全。

（2）正确摆放冰箱。不将冰箱与暖气片等取暖电器摆放在一起，不将冰箱摆放在有阳光直射的地方，不将冰箱摆放在不通风或潮湿的地方。

（3）合理摆放冰箱内的食物。水果、蔬菜等应清洗干净后放入冰箱，如图 6-27 所示；避免在冰箱内存放过多的食物；温度高的食物不能直接放入冰箱内，应放凉后再放入。

（4）定期清理冰箱内部。在冰箱使用一段时间后，应将冰箱内的食物拿出来，然后对冰箱进行一次“大扫除”，以保持冰箱内部清洁卫生。

（5）长时间不使用冰箱时，应拔下电源插头，将冰箱内部擦拭干净，待冰箱内部完全干燥后，关好冰箱门。

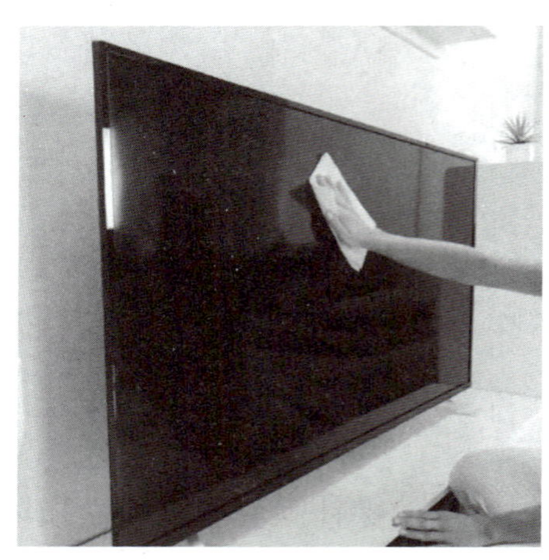

图 6-26 擦拭电视屏幕

图 6-27 水果、蔬菜等清洗干净后放入冰箱

知识链接

冰箱清洗

在使用冰箱的过程中，应定期对冰箱进行清洗（每年至少清洗两次）。清洗冰箱时要先切断电源，然后用软布蘸上清水或洗洁精沿着冰箱内壁轻轻擦拭（见图 6-28）。为防止损坏冰箱涂层和内部零件，不使用洗衣粉、去污粉、开水、刷子等清洗冰箱。

图 6-28 轻轻擦拭冰箱内壁

对于冰箱内可拆卸的部件，应将这些部件拆下后用清水或加入洗洁精的水清洗干净。清洗完冰箱主体和各种部件且冰箱内部彻底晾干后，再关闭冰箱门，插上电源。

（三）洗衣机养护

（1）将洗衣机摆放在合理位置。应将洗衣机摆放在通风处，避免摆放在潮湿的空间内，如浴室，避免摆放在有阳光直射的地方。

（2）在将需要清洗的衣物放入洗衣机之前，应先取出衣物内可能携带的硬币、卫生纸等物品。如果衣物上有拉链，应将拉链拉上后再放入洗衣机，以防拉链损坏洗衣机。

（3）不用洗衣服的洗衣机洗鞋子。

（4）每次使用完洗衣机后，应清理洗衣机，保持洗衣机内部干燥。

（5）定期清洗洗衣机，清洗时使用专用的清洁剂。

（6）长时间不使用洗衣机时，应拔下电源插头，保持洗衣机内部干燥。

二、家用器物维修

（一）加湿器不工作

加湿器不工作时，可采取以下措施：

（1）检查水槽是否破裂或水箱盖是否拧紧。

（2）检查水槽里的水是否装得太满以致通风道堵塞。

（3）检查水槽是否被污垢堵塞。如果水槽内的污垢太多，应及时清理。

（4）如果是加湿器内部的线路坏了，应找专业人员维修。

（二）水龙头不出水

如果水龙头不出水，可采取以下措施：

（1）检查水龙头的角阀是否关闭了，如果关闭了，直接打开即可。

（2）查看水龙头的网嘴处是否被异物堵塞，如果被堵塞，可将网嘴拧下来清理干净后再安装回去。

（三）实木家具出现裂缝

实木家具如因热胀冷缩出现裂缝，可采取以下措施：

（1）将旧棉布或破麻袋烧成灰，然后与生桐油搅拌成糊状，嵌补到实木家具的裂缝中，阴干即可。

（2）在撕碎的报纸中加明矾和清水煮成糊状，冷却后涂于实木家具的裂缝中即。

（四）燃气灶打不着火

燃气灶打不着火，很可能是燃气灶电池的电量不足或者火盖、火孔被堵塞造成的。此时，应先换上新电池，然后重新打火。如果换上新电池后仍打不着火，可以用牙签、抹布等清理火盖和火孔。

探究与分享

你还掌握哪些家用器物维修技能？跟同学们分享一下吧。

实践活动——良好生活习惯养成记

播种一种行为，收获一种习惯；播种一种习惯，收获一种性格；播种一种性格，收获一种命运。习惯会对人产生很大的影响。养成良好的生活习惯，有助于我们以更好的精神面貌投入学习中。

思考你认为值得养成的生活习惯有哪些，然后据此制订相应的养成计划，并按该计划坚持 21 天。要求：以 PPT 或视频的形式展示自己养成这些生活习惯的过程，然后总结在这个过程中自己所发生的变化。

良好的生活习惯：

生活习惯养成计划：

自己所发生的变化：

学习成果评价

请进行学习成果评价，并将评价结果填入表 6-1 中。

表 6-1　学习成果评价表

<table>
<tr><td>班级</td><td></td><td>姓名</td><td></td><td>学号</td><td></td></tr>
<tr><td rowspan="2">评价项目</td><td rowspan="2" colspan="3">评价内容</td><td rowspan="2">分值</td><td colspan="2">评分</td></tr>
<tr><td>自我评分</td><td>教师评分</td></tr>
<tr><td rowspan="5">知识
40%</td><td colspan="3">衣物清洗、熨烫、缝补和收纳的技巧</td><td>10</td><td></td><td></td></tr>
<tr><td colspan="3">选购食材、制作冷菜和热菜的相关知识</td><td>6</td><td></td><td></td></tr>
<tr><td colspan="3">调味品与火候、饮食营养与健康的相关知识</td><td>6</td><td></td><td></td></tr>
<tr><td colspan="3">扫地拖地、门窗除垢等的相关知识</td><td>10</td><td></td><td></td></tr>
<tr><td colspan="3">家用器物养护与维修的相关知识</td><td>8</td><td></td><td></td></tr>
<tr><td rowspan="5">技能
40%</td><td colspan="3">能清洗、熨烫、缝补和收纳衣物</td><td>8</td><td></td><td></td></tr>
<tr><td colspan="3">能制作简单的菜品</td><td>8</td><td></td><td></td></tr>
<tr><td colspan="3">能保持屋舍整洁、物品井然</td><td>8</td><td></td><td></td></tr>
<tr><td colspan="3">能养护和维修家用器物</td><td>8</td><td></td><td></td></tr>
<tr><td colspan="3">能按实际情况制订计划，根据计划坚持下来，并养成良好的个人习惯</td><td>8</td><td></td><td></td></tr>
<tr><td rowspan="4">素养
20%</td><td colspan="3">主动劳动，热爱劳动</td><td>5</td><td></td><td></td></tr>
<tr><td colspan="3">具备良好的生活习惯</td><td>5</td><td></td><td></td></tr>
<tr><td colspan="3">积极、认真参加实践活动</td><td>5</td><td></td><td></td></tr>
<tr><td colspan="3">具备良好的学习态度</td><td>5</td><td></td><td></td></tr>
<tr><td colspan="4">合计</td><td>100</td><td></td><td></td></tr>
<tr><td colspan="4">总分（自我评分×40%+教师评分×60%）</td><td colspan="3"></td></tr>
<tr><td>自我评价</td><td colspan="6"></td></tr>
<tr><td>教师评价</td><td colspan="6"></td></tr>
</table>

模块七

校园劳动，美化环境

对学生来说，校园不仅是知识的殿堂，也是生活的家园。爱护校园环境，共建美好家园，是每个学生义不容辞的责任，每个学生都必须为此付出劳动。

在学习文化知识之余，学生通过积极参加校园劳动，动手实践、出力流汗，能够培养良好的劳动品质，进而达到磨炼意志、树德、增智、强体、育美的目的。

知识目标

- ✧ 了解践行绿色环保理念、开展绿色环保行动的相关知识。
- ✧ 理解垃圾分类的意义，掌握垃圾分类标准和操作。
- ✧ 了解文明寝室和特色寝室的建设要求，熟悉寝室的美化原则与创意要点。
- ✧ 了解建设校园环境的重要性，掌握共建无烟校园和维护良好校园秩序的方法。

素质目标

- ✧ 牢固树立“绿水青山就是金山银山”的理念，凝聚生态共识，提亮生态底色，打造青山常在、绿水长流、空气常新的美丽中国。
- ✧ 通过参加垃圾分类活动和校园美化活动，践行绿色环保理念，共建生态文明家园。

课堂导入

劳动必修课受质疑：把学生当免费劳动力

某学校开设了劳动必修课，内容涉及校园打扫、门岗执勤、食堂餐盘清理、校园绿化维护等。该课程与学时、学分直接挂钩，学生每学期的学习时间累计达到24学时，就能获得2个学分。

有人认为，这是把学生当成了免费劳动力。

对此，学校解释说，这是学校人才培养的内容之一，旨在培养学生的劳动意识。开设劳动必修课，学校不仅没有减少开支，还要拨付资金用于购买服装和劳动工具，并且安排专门的教师进行指导。

学生小邓把大部分时间用在了学习上，课余生活比较单调。“参加劳动可以调节生活，在食堂劳动时和工作人员聊天也很开心。昨天我们干完活后，还拍了合照，大家都说我的拍摄技术很不错。”小邓说。

另外一名学生也支持学校开设劳动必修课。他说：“劳动必修课与其他专业课不同，上劳动必修课是一种新的体验，参加劳动既能锻炼自己的动手能力，又能使自己从中得到快乐，何乐而不为呢？”

（资料来源：https://3w.huanqiu.com/a/65bdcf/9CaKrnKo3hg?p=2&agt=46，有改动）

【想一想】

（1）你如何看待学校开设劳动必修课？

（2）你认为学生有必要进行校园劳动吗？

01 第一讲 做绿色环保卫士

生态环境保护是功在当代、利在千秋的事业。我们要清醒认识保护生态环境的紧迫性和艰巨性，清醒认识加强生态文明建设的重要性和必要性；要像保护眼睛一样保护生态环境，像对待生命一样对待生态环境；要践行“绿水青山就是金山银山”理念，做绿色低碳生活的践行者。

一、践行绿色环保理念

绿水青山就是金山银山

“绿水青山就是金山银山”理念源自生态文明建设实践，蕴含着绿色生态是最大财富的深刻道理。我们既要绿水青山，也要金山银山。宁要绿水青山，不要金山银山，而且绿水青山就是金山银山。

（一）既要绿水青山，也要金山银山

“既要绿水青山，也要金山银山”是经济社会发展与生态环境保护这一矛盾的“正题”。“绿水青山就是金山银山”理念驳斥了两种极端的机械发展思维：一种是以牺牲经济社会发展为代价，致力于保护生态环境的思维；一种是以舍弃生态环境为代价，换取经济社会发展的思维。

“既要绿水青山，也要金山银山”强调生态环境保护与经济社会发展相辅相成、不可偏废，要把生态建设和经济增长“双赢”作为科学发展的重要价值标准。在“绿水青山就是金山银山”理念构想的美好图景中，绿水青山与金山银山都是人类社会发展的客观需要，两者不是非此即彼的对立物，而是能够和谐共存、并行不悖的统一体。

（二）宁要绿水青山，不要金山银山

“宁要绿水青山，不要金山银山”是经济社会发展与生态环境保护这一矛盾进一步发展所呈现出来的“反题”。经济社会发展与生态环境保护之间的矛盾在历史发展中不断加深，经济社会发展对自然资源的过度索求造成生态环境恶化，人与自然之间的平衡状态被打破。“绿水青山就是金山银山”理念从实现人的全面发展以及人类社会整体和长远利益出发，抓住了矛盾的主要方面。“绿水青山可带来金山银山，但金山银山却买不到绿水青山”，必须坚决摈弃以牺牲生态环境为代价换取经济社会进步的发展模式，以及以眼前利益换取长远利益的思维方法。

“宁要绿水青山，不要金山银山”强调绿水青山是比金山银山更基础、更宝贵的财富，当生态环境保护与经济社会发展发生冲突时，必须把保护生态

环境作为优先选择。

（三）绿水青山就是金山银山

“绿水青山就是金山银山”强调优美的生态环境就是生产力和社会财富，凸显了生态环境在经济社会发展中的重要价值。在“绿水青山就是金山银山”这一理念中，自然资源不仅是经济社会发展的物质基础，它本身也是财富，保护、开发和利用好自然资源就是积蓄财富、发展经济。

发达国家的经验证明，当经济社会发展渡过粗放型的起飞阶段，步入集约发展的高级阶段之后，生态环境越好，发展机遇越多，发展潜力越大，良好的生态环境对高科技人才的吸引力、对以高新技术为核心的现代产业的支撑能力就越强。好的生态环境越来越成为重要的天然资本，绿水青山会源源不断地带来金山银山。

案例在线

昔日废弃矿山变“网红打卡地”

“一二一，左右左，注意步调……”美丽的樱花树下，一群活力四射的大姐正在拍摄短视频。她们的拍摄地正是江西省萍乡市安源区青山中医药健康养生小镇（以下简称“养生小镇”）。

这里曾经是萍乡市焦宝煤矿所在地，是污染十分严重的地方。如今，这里山清水秀，绿树成荫，鸟语花香，如图 7-1 所示。

图 7-1 风景如画的养生小镇

说起养生小镇给村里带来的好处，一家超市的经营者小漆喜上眉梢。他说："满山都是花香，空气十分清新，周末好多城里人到这里游玩，我们超市的生意比以前好了很多。"

焦宝煤矿曾经为萍乡市的经济建设做出了重要贡献，到 2012 年关停时，已经连续开采了 40 年。常年开采煤矿对植被造成了严重破坏，青山变成了千疮百孔的废弃矿山。

改善群众生存环境，修复矿山刻不容缓。2017 年，安源区抓紧落实国家矿山修复政策，坚持"绿水青山就是金山银山"理念，在焦宝煤矿所在地建设养生小镇。小镇以中医医疗为依托，以医养结合为抓手，设有医疗、文化旅游、养生养老、中医药教学培训、中草药种植、中药研发等六大板块。截至 2021 年 3 月，小镇客厅、康养游步道、中草药种植园、中医药人才培训中心已建设完成。

矿山上主要种植了牡丹、芍药、白及、玉簪等药材，还种植了银杏、杜鹃、樱花等观赏性植物。春暖花开的时节，遍地的花儿应季而开，花香、药草香沁人心脾。相关负责人介绍说："2021 年春季，每天来养生小镇游玩的游客有好几百人。建设养生小镇加快了本地生态修复的进程，而且中医药康养产业是朝阳产业，前景非常可观。"

青山隐隐，花草芬芳。沿着康养游步道漫步，时不时就会听到拍照的快门声。樱花树下的情侣、亲子乐园中欢快的儿童、中草药种植园中忙碌的工人，交织成一幅美丽的图画。

（资料来源：http://www.jiangxi.gov.cn/art/2021/3/26/art_15845_3301310.html，有改动）

二、开展绿色环保行动

绿色发展是理念，也是实践，既要坐而谋，更要起而行。只要坚持知行合一、从我做起，坚持步步为营、久久为功，就一定能换来蓝天常在、青山常在、绿水常在，就一定能开创社会主义生态文明新时代，赢得中华民族永续发展的美好未来。

开展绿色环保行动，具体可从以下几个方面做起。

（一）低碳办公

（1）使用自然光。在自然光线充足的地方办公时，可以通过降低灯泡的亮度、少开灯甚至不开灯来减少照明用电，这样做还可以延长灯泡的使用时间。

（2）科学使用计算机。在配置计算机时，应优先选择低功耗的小机箱计算机。将计算机屏幕的亮度调至适中，既能保护眼睛，又能省电；将计算机的电源模式设为节能模式，用待机模式替代屏幕保护模式；下班后随手拔掉计算机电源插头，不仅能节约用电，还能延长计算机的使用寿命。

（3）无纸化办公。为减少打印机墨粉和纸张的消耗，尽量使用办公自动化系统和电子邮件、QQ、微信、钉钉等网络通信工具传递信息。必须打印、复印文件时，可选用双面打印、复印模式，实现节能减排。

（二）低碳出行

（1）多使用公共交通工具。近距离出行时，最好选择步行或者骑自行车；远距离出行时，尽可能选择乘坐公交车或地铁等公共交通工具。

（2）减少乘坐飞机的次数。出门远行时，优先选择污染较小的火车、汽车、轮船等交通工具。若必须乘坐飞机，也应尽量选择直飞航班。

（3）科学配置私家车。在购买私家车时，应优先考虑新能源汽车或低排量汽车。驾驶汽车时，应保证车况良好。车况不良不仅会造成交通安全隐患，还会导致能耗增加。

（三）低碳饮食

（1）减少食物浪费。积极践行“光盘行动”，倡导“按需取餐”，不超量点餐。自助餐取用不过量，厨房适量制作食物，从源头上减少浪费。

（2）合理搭配膳食。荤素搭配，不暴饮暴食，不过度吃肉。在质量相同的情况下，烹调肉类比烹调蔬菜排放的二氧化碳多，因此在保证营养供给充足的情况下，少吃肉类，有助于减少二氧化碳的排放。

（3）少用一次性餐具。提倡使用可循环使用的餐具，减少一次性餐具的

使用。

（4）选择本地和周边地区的农副产品。优先选择本地和周边地区的农副产品，这样既能保证食品新鲜，又能间接减少因运输和加工排放的气体。

（四）低碳着装

（1）减少对服饰的过度消费。提倡按需购买服饰，避免盲目消费。据统计，每人每年少买一件衣服，可减排 6.4 千克的二氧化碳。

（2）提倡衣物回收利用。可以利用衣物回收箱或者通过社会组织等途径，将闲置衣物捐献给有需要的人，实现衣物的再利用。

（3）集中洗涤衣物，少量小件衣物可用手洗。洗衣时，尽量使用无磷低泡洗衣粉，以减少漂洗次数和对水体的污染。

（4）合理使用烘干设备。天气晴朗时，可选择自然晾干方式，以减少对烘干设备的使用。

（五）节约水电

（1）养成节约用水的习惯。具体应做到：① 洗东西时，用盆接水，洗后的水可用来拖地、冲马桶等；② 用淘米水洗菜或洗碗，洗完菜的淘米水还可用来浇花；③ 用残余茶水擦家具；④ 先择菜，后洗菜；⑤ 对于瓜果蔬菜，可用盐水浸泡冲洗；⑥ 将旋转式水龙头换成节水龙头（见图 7-2）。

图 7-2 节水龙头

扫一扫

环保小贴士

（2）减少电梯的使用。住低楼层时，上下楼尽量走楼梯，以减少对电梯的使用。

（3）合理设置空调温度。使用空调时，夏季应将温度设定在 26 ℃，冬季应将温度设定在 20 ℃。这样既能保证温度适宜，又能有效减少碳排放量。

（4）养成节约用电的习惯。具体应做到随手关灯，电灯、电器不用时应及时关闭并断电。

探究与分享

在日常生活中，还有哪些好的习惯能促进节能减排？

02 第二讲　进行垃圾分类

“垃圾围城”已经成为困扰全球各大城市的难题，具体包括填埋场占用耕地、垃圾造成长期污染、垃圾焚烧厂影响周边居民的生活等。解决“垃圾围城”问题，离不开垃圾分类。

一、垃圾分类的意义

垃圾是放错地方的资源。垃圾分类就是将垃圾分门别类地投放，并通过分类清运和回收使之重新变成资源。垃圾分类的意义如下。

（一）减少环境污染

我国现有的垃圾处理方式主要包括填埋和焚烧。即使是在远离生活场所的区域对垃圾进行填埋并使用相应的隔离技术，也难以杜绝有害物质渗透。这些有害物质会逐渐进入整个生态圈，污染水源和土地，进而影响人们的身体健康。另外，焚烧垃圾也会产生大量危害人体健康的有毒物质（见图 7-3）。

其实，很大一部分垃圾是不需要填埋和焚烧的。如果我们做好垃圾分类，就能减少填埋和焚烧的垃圾，从而减少环境污染。

图 7-3 焚烧垃圾产生有毒气体

（二）节省土地资源

采用填埋方式会占用土地资源，且垃圾填埋场属于不可重复使用场所，即不能将垃圾填埋场重新作为生活小区使用。对垃圾进行分类，可以使人均生活垃圾产生量减少 2/3，从而节省大量的土地资源。

（三）促进资源的循环利用

垃圾的产生源于人们没有利用好资源，将自己不用的资源当成垃圾丢弃，这种行为对整个生态系统造成的破坏是难以估计的。通过垃圾分类回收可利用的垃圾，就可以将垃圾变废为宝，促进资源的循环利用，从而保护生态环境。

此外，垃圾分类后，对不同的垃圾采用不同的处理方式，还可以降低垃圾的处理成本，提高垃圾的处理效率。例如，进行垃圾分类后再进行分类焚烧，能够起到减量（减少垃圾处理量）、减排（减少污染排放量）、提质（改善燃烧工况）、提效（提高发电效率）等作用。

（四）提高民众的环保意识

垃圾分类是处理垃圾公害的最佳方法。施行垃圾分类，能够提高民众的环保意识，使其学会节约资源、合理利用资源，养成良好的生活习惯。一个具有良好的垃圾分类习惯的人，一定会关心环境保护问题，珍惜资源，节约资源。

二、垃圾分类标准

《生活垃圾分类标志》（GB/T 19095—2019）将生活垃圾分为可回收物、有害垃圾、厨余垃圾和其他垃圾四大类，其对应标志如图 7-4 所示。

可回收物
Recyclable

有害垃圾
Hazardous Waste

厨余垃圾
Food Waste

其他垃圾
Residual Waste

图 7-4　四大类生活垃圾标志

生活垃圾分类标志由 4 个大类标志和 11 个小类标志组成，类别构成如表 7-1 所示。其中，厨余垃圾和其他垃圾又可分别称为湿垃圾和干垃圾。

表 7-1　标志的类别构成

序号	大类	小类	说明
1	可回收物	纸类	表示适宜回收利用的各类废书籍、报纸、纸板箱、纸塑铝复合包装等纸制品
2		塑料	表示适宜回收利用的各类废塑料瓶、塑料桶、塑料餐盒等塑料制品
3		金属	表示适宜回收利用的各类废金属易拉罐、金属瓶、金属工具等金属制品
4		玻璃	表示适宜回收利用的各类废玻璃杯、玻璃瓶、镜子等玻璃制品
5		织物	表示适宜回收利用的各类废旧衣物、穿戴用品、床上用品、布艺用品等纺织物
6	有害垃圾	灯管	表示居民日常生活中产生的废荧光灯管、废温度计、废血压计、电子类危险废物等
7		家用化学品	表示居民日常生活中产生的废药品及其包装物、废杀虫剂和消毒剂及其包装物、废油漆和溶剂及其包装物、废矿物油及其包装物、废胶片及废相纸等
8		电池	表示居民日常生活中产生的废镍镉电池和氧化汞电池等
9	厨余垃圾（湿垃圾）	家庭厨余垃圾	表示居民家庭日常生活过程中产生的菜帮、菜叶、瓜果皮壳、剩菜剩饭、废弃食物等易腐性垃圾
10		餐厨垃圾	表示相关企业和公共机构在食品加工、饮食服务、单位供餐等活动中产生的食物残渣、食品加工废料和废弃食用油脂等
11		其他厨余垃圾	表示农贸市场、农产品批发市场产生的蔬菜瓜果垃圾、腐肉、肉碎骨、水产品、畜禽内脏等
12	其他垃圾（干垃圾）	—	表示砖瓦陶瓷、灰土、卫生间废纸等

注：除上述 4 大类外，家具、家用电器等大件垃圾和装修垃圾应单独分类。

探究与分享

有人说，垃圾分类有什么难的，不就是由一个桶变成了四个桶。你认同这种观点吗？请结合你的体会谈谈垃圾分类的重要性和垃圾分类时需要注意的事项。

三、垃圾分类操作

根据物品的材质和性质，分析物品属于哪类垃圾。具体来说，应根据物品的材质，判断其是否属于纸类、塑料、金属、玻璃、织物，从而确定其是否属于可回收物；根据物品对人体和自然环境是否有害，判断其是否属于有害垃圾；厨余垃圾具有容易腐烂、破碎等特点；其余物品都属于其他垃圾。对于不能准确判断类别的垃圾，也可把它归为其他垃圾。

（一）可回收物

可回收物是指适宜回收利用的生活废弃物，包括玻璃瓶、旧金属餐具、塑料瓶、旧玩具、旧报纸、旧纸板、旧衣服等。值得注意的是，以下物品不宜当作可回收物投放：

（1）污损的纸张、餐巾纸、卫生间用纸、一次性纸杯、厨房用纸等纸制品。

（2）污损的塑料袋、一次性手套、一次性塑料饭盒等塑料制品。

（3）废金属油漆桶、液化气罐等金属制品。

（4）玻璃钢制品。

（5）内衣和严重污损的纺织物。

（6）国家有关法律法规禁止回收的其他物品。

可回收物的投放要求如下：

（1）应尽量保持物品清洁、干燥，避免污染。

（2）对于立体包装物，应清空包装里面的物品后压扁投放。

（3）对于易破损或有尖锐边角的物品，应包裹后投放。

（二）有害垃圾

有害垃圾是指生活垃圾中对人体健康或自然环境造成直接或潜在危害的物品，包括旧电池、旧灯管（见图 7-5）、家用药品、油漆及其容器等。有害垃圾必须单独收集和运输，并由环保部门认可的专业机构进行特殊处理。

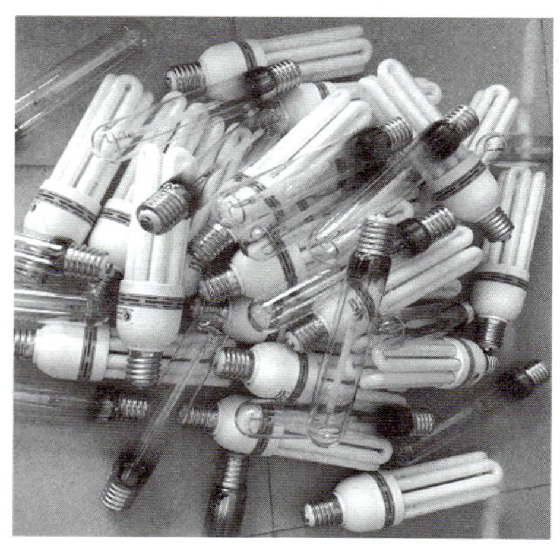

图 7-5 旧灯管

有害垃圾的投放要求如下：

（1）应注意轻放。

（2）对于药品，应连带包装投放或包裹后投放。

（3）对于罐装容器，应排空容器内的物品后投放。

另外，在公共场所产生有害垃圾但未发现对应的收集容器时，应将其携带至有害垃圾投放点再妥善投放。

（三）厨余垃圾

厨余垃圾是指食材废料、剩饭剩菜、过期食品、瓜果皮壳、花卉绿植、中药药渣等易腐烂的、含有机质的生活废弃物。

厨余垃圾的投放要求如下：

（1）应在厨余垃圾产生时就将其与其他种类的垃圾分开收集。

（2）投放厨余垃圾前，应尽量沥干垃圾中的水分。

（3）对于有外包装的厨余垃圾，应去除外包装后投放。

另外，在公共场所产生厨余垃圾但未发现对应的收集容器时，应将其携带至厨余垃圾投放点再妥善投放。

（四）其他垃圾

其他垃圾是指除可回收物、有害垃圾、厨余垃圾外的生活垃圾，包括烟蒂、橡皮泥、灰土、瓷器碎片（见图 7-6）等。应将其他垃圾投放至其他垃圾收集容器中，并保持容器周边环境整洁。

图 7-6　瓷器碎片

（五）大件垃圾

对于沙发、床垫、床、桌子等大件垃圾，可以联系可回收物回收经营者或者大件垃圾收集运输单位上门回收，或者将其投放至相关管理责任人（如物业工作人员）指定的场所。

空调、冰箱、洗衣机、电视机等大型家用电器，也属于大件垃圾。处理此类垃圾时，可联系正规的电子废弃物回收企业回收，或按大件垃圾管理要求投放。

需要注意的是，对于笔记本电脑、手机、电饭煲等小型家用电器，可按照可回收物的投放要求进行投放。

（六）装修垃圾

装修垃圾（见图 7-7）包括碎马桶、碎石块、碎砖块、废砂浆及弃料等。应分别收集装修垃圾和生活垃圾，并将装修垃圾装袋后投放到指定场所。

图 7-7 装修垃圾

探究与分享

香水瓶、牙刷、毛巾分别属于什么垃圾？应该如何投放？

03 第三讲 建设美丽寝室

一、文明寝室建设要求

寝室是学习和生活的重要场所。寝室的卫生状况能够体现一个人的精神面貌和素质，直接关系到其身心健康。学生应将文明寝室建设内化为自觉追求，外化为自觉行动。

（1）文明寝室应满足“六净”“六无”“六整齐”的要求。干净整洁的寝室如图 7-8 所示。

图 7-8　干净整洁的寝室

- ✧ **“六净”**：地面干净、墙面干净、门窗干净、玻璃干净、桌椅干净、其他物品干净。
- ✧ **“六无”**：无杂物、无烟蒂、无乱挂现象、无蜘蛛网、无酒瓶、无异味。
- ✧ **“六整齐”**：桌椅摆放整齐，被褥折叠整齐，毛巾挂放整齐，书籍叠放整齐，鞋子摆放整齐，其他用具放置整齐。

（2）每天应自觉做到“六个一”、自觉遵守“六个不”，保持寝室良好的生活环境。

- ✧ **“六个一”**：叠一叠被子，扫一扫地面，擦一擦桌面，整一整柜子，理一理书架，倒一倒垃圾。
- ✧ **“六个不”**：不进出异性寝室，不留宿外来人员，不放置危险物品，不使用违规电器，不损坏公共设施，不乱扔果皮纸屑。

（3）杜绝不文明行为，不在寝室内养宠物，不抽烟，不在门口丢放垃圾，不乱用公用洗衣机。

探究与分享

你对文明寝室建设有哪些好的提议？

二、特色寝室建设要求

特色寝室宣扬的是一种文化，是相互影响、彼此照应、和谐共进的良好氛围的体现。建设特色寝室有助于提高学生的综合素质。

建设特色寝室，首先要考虑室友的个性、喜好、价值观等。如果大多数室友喜欢学习，就可以考虑建设学习型寝室；如果大多数室友喜欢运动，就可以考虑建设运动型寝室；如果大多数室友对环保有一定兴趣，就可以考虑建设环保型寝室。此外还有创业型寝室、自强型寝室、友爱型寝室、逐梦寝室、音乐寝室等。

在建设特色寝室时，应注意以下事项：

（1）寝室成员共同参与特色寝室建设，共同商议并确定建设主题。

（2）按照建设主题布置寝室，呈现出的效果应符合建设主题，能够体现寝室文化。

（3）有与寝室文化对应的行为习惯养成计划、寝室团建活动安排等。

三、寝室的美化原则与创意要点

（一）美化原则

（1）简洁大方原则。寝室面积通常不大，没有必要摆放过多的装饰品，以免显得杂乱。

（2）温馨舒适原则。寝室是放松和休憩的地方，在美化时要营造一种温馨、舒适的氛围，让寝室充满家的温暖气息。

（3）营造学习氛围原则。寝室除了是放松和休憩的地方，还是学习的场所。在美化时，要从色彩、风格等方面，营造一个安静的、适宜学习的空间。

知识链接

寝室美化小窍门

1. 衣柜整理

寝室里的衣柜大多是直筒式的，隔断比较少，在放置衣物时比较浪费空间。使用衣柜隔板在衣柜中划分出合适的区域，有利于提高衣柜的空间利用率。此外，还可以在衣柜中放置多层收纳筐，这样既能充分利用空间，又能将贴身衣物、帽子、包等分类收纳。如果衣柜里没有挂衣杆，可以用伸缩杆代替。

2. **桌面美化**

使用桌面置物架和桌下挂篮，可以让桌子拥有更多的收纳空间。

（1）桌面置物架。桌面置物架是一种既轻便又实用的收纳工具，价格便宜，使用桌面置物架不仅能够收纳桌面上的小物件，还能够很好地装饰空间。

（2）桌下挂篮。桌下挂篮能够创造隐形的收纳空间，用于放置各种小物件。

3. **床边装饰**

床边挂篮和床边挂袋是非常实用的收纳和装饰工具，能够放水杯、纸巾、书籍等。合理利用床边挂篮和床边挂袋，不仅可以避免经常爬上爬下拿东西，还可以使床铺保持整洁。

（二）创意要点

（1）彰显寝室文化。每个寝室都有不同的文化，在美化时要充分考虑自己寝室的文化，设计应别出心裁。

（2）用材节约，变废为宝（见图 7-9）。在美化寝室时，宜尽量选用易拉罐、雪糕棍、牛奶盒、饮料瓶、废纸箱等容易被忽略的生活垃圾和旧物；如果将其做成各种实用的生活用品，不仅创意十足，还能向周围的人传递一种绿色环保的生活理念。

用易拉罐做盆栽

用雪糕棍做笔筒

图 7-9　变废为宝

（3）彰显个性。寝室由多个小空间组成，每个小空间都是使用者的“家”。在美化寝室时，每个人应在保持整体风格一致的前提下，充分考虑自己的需求和审美偏好，打造专属空间，彰显自己的个性（见图 7-10）。

图 7-10 彰显个性

04 第四讲 建设美丽校园

一、积极参与校园环境建设

校园环境是校园文化的重要表现形式，需要我们每个人合力维护。校园环境由校园物质环境和校园精神环境构成。其中，校园物质环境主要包括校容校貌、自然物和各种设施。良好的校园物质环境（见图 7-11）不仅是全校师生正常学习和生活的基础，还能促进学生养成良好的卫生习惯。

图 7-11 良好的校园物质环境

校园精神环境是校园的灵魂，是师生的价值观和个性的反映，具体体现在校风、学风、师生的精神面貌等方面。学生积极参与校园精神环境建设，有助于陶冶情操、提高精神境界，促进校园形成积极向上的文化氛围。

二、共建无烟校园

科学研究表明，吸烟会严重损害人体健康。多种疾病与吸烟有关，包括呼吸系统疾病（如呼吸系统感染、肺结核等）、心脑血管疾病、恶性肿瘤、糖尿病等。《中国吸烟危害健康报告 2020》显示，我国每年有 100 多万人因烟草失去生命。

无烟青春 健康校园

那么，怎样才能降低吸烟造成的危害，共建无烟校园呢？

（1）学习有关吸烟造成危害的知识，增强自制力，自觉抵制诱惑，不吸烟、不敬烟。

（2）看到有人在校园内吸烟时，及时对其进行劝阻。

（3）积极参加控烟宣传活动，增强控烟意识。

三、维护良好校园秩序

为了维护良好的校园秩序，营造干净、整洁、安全的校园环境，建设平安校园、和谐校园，学生应遵守以下校园文明行为规范：

（1）着装整洁得体，仪容端庄。

（2）行为高尚，举止高雅，谈吐文明。

（3）爱护花草树木，节约用水。

（4）乘坐电梯时遵守秩序，先下后上，相互礼让。

（5）遵守校园环境卫生的有关规定，不随地吐痰，不乱扔杂物。

（6）文明如厕，保持卫生间清洁，爱护卫生间设施。

（7）上课时遵守课堂纪律，下课时不在楼道内大声喧哗。

（8）爱护教学设备，保持干净、整洁的教学环境。

（9）汽车、电动车、自行车停车入位，摆放有序（见图 7-12）。

图 7-12 自行车摆放有序

（10）在观看表演、听讲座、参加会议时，主动服从现场管理，遵守秩序，爱护礼堂、会议室等设施。

（11）自觉遵守学校的各项规章制度，尊师爱友，营造浓厚的学习氛围和健康、良好的学习环境。

（12）如遇突发事件，服从学校统一指挥，配合做好应急处置工作。

（13）遵守网络信息安全法律法规和其他有关规定，自觉抵制不良信息，不传播网络谣言。

实践活动——“校园是我家，美化靠大家”实践活动

校园是学习和生活的地方，学生理应为创造更加整洁、优美、温馨的校园环境出一份力。

4～6 人为一组，以小组为单位组织一次“校园是我家，美化靠大家”实践活动。该活动既可以是植树，也可以是打扫校园卫生，还可以是维持校园秩序……要求：记录校园美化过程，在实践活动结束后，结合日常生活中见到的校园不文明现象撰写一篇以“建设美丽校园”为主题的倡议书。

活动记录

选定的活动形式：

活动开展计划：

活动开展难点：

倡议书：

学习成果评价

请进行学习成果评价，并将评价结果填入表 7-2 中。

表 7-2 学习成果评价表

<table>
<tr><td>班级</td><td></td><td>姓名</td><td></td><td>学号</td><td></td></tr>
<tr><td rowspan="2">评价项目</td><td rowspan="2">评价内容</td><td rowspan="2">分值</td><td colspan="2">评分</td></tr>
<tr><td>自我评分</td><td>教师评分</td></tr>
<tr><td rowspan="4">知识
40%</td><td>践行绿色环保理念、开展绿色环保行动的相关知识</td><td>10</td><td></td><td></td></tr>
<tr><td>垃圾分类的意义、标准和操作</td><td>10</td><td></td><td></td></tr>
<tr><td>文明寝室和特色寝室的建设要求，寝室的美化原则与创意要点</td><td>10</td><td></td><td></td></tr>
<tr><td>建设校园环境的重要性，共建无烟校园和维护良好校园秩序的要点</td><td>10</td><td></td><td></td></tr>
<tr><td rowspan="4">技能
40%</td><td>能正确进行垃圾分类</td><td>10</td><td></td><td></td></tr>
<tr><td>能正确使用劳动工具</td><td>10</td><td></td><td></td></tr>
<tr><td>能高效率地完成劳动任务</td><td>10</td><td></td><td></td></tr>
<tr><td>倡议书观点明确，逻辑清晰，内容具体</td><td>10</td><td></td><td></td></tr>
<tr><td rowspan="4">素养
20%</td><td>具备绿色环保意识</td><td>5</td><td></td><td></td></tr>
<tr><td>具备团队精神，能够积极与他人合作</td><td>5</td><td></td><td></td></tr>
<tr><td>积极、认真参加实践活动</td><td>5</td><td></td><td></td></tr>
<tr><td>具备良好的学习态度</td><td>5</td><td></td><td></td></tr>
<tr><td colspan="2">合计</td><td>100</td><td></td><td></td></tr>
<tr><td colspan="2">总分（自我评分×40%+教师评分×60%）</td><td colspan="3"></td></tr>
<tr><td>自我评价</td><td colspan="4"></td></tr>
<tr><td>教师评价</td><td colspan="4"></td></tr>
</table>

模块八
志愿服务，情暖四方

赠人玫瑰，手有余香。参与志愿服务既是助人，也是助己；既能乐人，也能乐己；既是在帮助他人、服务群众、奉献社会，也是在传递爱心、传播文明、宣扬文化。

参与志愿服务对促进社会发展具有重大意义。学生应积极、主动地参与志愿服务，回馈社会、报效祖国，用一颗心触动另一颗心，让越来越多的人参与到志愿服务中来。

知识目标

- 了解志愿者的基本条件和注册志愿者的程序，熟悉志愿者的权利与义务。
- 熟悉志愿者的自我修养。
- 了解志愿者标志与志愿者日。
- 了解志愿服务的特征和分类。
- 熟悉志愿精神和志愿服务须知。

素质目标

- 明白志愿服务的意义，能够在日常生活中自觉提高自身修养，为参与志愿服务做好准备。
- 在日常生活中自觉践行“奉献、友爱、互助、进步”的志愿精神，积极投身志愿服务，为社会贡献自己的力量。

课堂导入

中职学生走出校园志愿服务社会

聆听劳动模范的感人事迹、成立“城校·七彩光”学生志愿服务队、在全校掀起学雷锋志愿服务热潮……2022 年 3 月 3 日，青岛城市管理学校启动“劳模进校园暨志愿服务月”活动，学校 1 000 余名师生参加了此次活动。

活动当天，青岛市劳动模范、中国青年五四奖章获得者陈乐乐受邀来到现场，用真挚的情感、朴实的语言向师生讲述了自己立足岗位、踏实奉献的感人故事。“我是一名职业高中的毕业生，2011 年成为青岛公交集团的一员。在工作中，我不断学习、成长，思考如何为乘客提供更满意、更贴心的服务。工作之余，我也参加了很多志愿服务活动，逐渐得到了大家的认可……”陈乐乐说，“只要用心工作，在平凡的岗位上一样可以取得不平凡的成绩。”

该校校长表示，“城校·七彩光”学生志愿服务队将迅速行动起来，走出校园，走进社区，走进街头巷尾，结合中职学生所学专业技能，围绕敬老爱老、报纸义卖、关爱儿童等内容，让“城校·七彩光”的旗帜在校内外飘扬。

“学习雷锋，要学习他的奉献精神；学习雷锋，要学习他的优良品质；学习雷锋，要学习他的爱心。”该校党总支书记希望学生能从雷锋精神中汲取宝贵力量，以青春之我、奋斗之我书写人生华章。

（资料来源：http://www.jyb.cn/rmtzcg/xwy/wzxw/202203/t20220305_682566.html，有改动）

【想一想】

（1）你如何看待志愿者？志愿者应具备哪些品质？

（2）你参加过志愿服务吗？未来是否有投身志愿服务的计划？

01 第一讲 认识志愿者

志愿者又称义工、义务工作者，是指不图任何物质报酬，利用自己的时间、知识、技能、体力等，自愿为社会和他人提供服务的人。

一、志愿者的基本条件

2013 年 12 月，中国共产主义青年团中央委员会（以下简称“共青团中央”）、中国青年志愿者协会颁布新修订的《中国注册志愿者管理办法》，对注册志愿者的基本条件做出如下规定：

（1）年满十八周岁或十六至十八周岁以自己劳动收入为主要生活来源者；十四至十八周岁者，须经其法定代理人同意；未满十八周岁的在校学生申请注册的，按所在学校有关规定办理。

（2）具备参加志愿服务相应的基本能力和身体素质。

（3）遵守国家法律法规和注册机构的相关规定。

此处的注册机构是指市（地、州、盟）、县（市、区、旗）、乡（镇、街道）以及大中专院校团组织及其授权的志愿者组织。

二、注册志愿者的程序

注册成为志愿者的程序如下：

（1）申请人直接到开展志愿者注册工作的团组织、志愿者组织提出申请或通过网络、通信等方式提出申请，填写《志愿者注册登记表》。

（2）注册机构对申请人进行审核。

（3）审核合格，注册机构向申请人颁发注册志愿者证章。注册机构可根据实际需要，为注册志愿者编制本地管理服务号码。

知识链接

中国志愿服务网

中国志愿服务网（见图 8-1）是面向广大社会公众、志愿者、志愿队伍，面向各行业志愿服务管理部门的社会化服务平台。

利用该网站，社会公众可以注册成为志愿者参与志愿服务；志愿者可以参加自己感兴趣的志愿队伍和志愿服务项目，记录、转移、接续自己的志愿服务时间；志愿队伍可以按照规范的流程发布志愿服务项目，招募志愿者，开展志愿服务；志愿服务管理部门可以实时或定时收集全国各行业各区域志愿服务数据，全面了解志愿服务情况，开展数据分析与决策。

图 8-1　中国志愿服务网

（资料来源：https://chinavolunteer.mca.gov.cn/NVSI/LEAP/site/index.html#/home，有改动）

三、志愿者的权利与义务

扫一扫

志愿者的权利与义务

志愿者享有以下权利：

（1）参加志愿服务活动。

（2）接受相关的志愿服务培训，获得志愿服务活

动真实、必要的信息。

（3）获得从事志愿服务的必需条件和必要保障。

（4）优先获得志愿者组织和其他志愿者提供的服务。

（5）对志愿服务工作提出意见和建议。

（6）相关法律、法规、政策所赋予的权利。

（7）可申请取消注册志愿者身份。

志愿者应履行以下义务：

（1）遵守国家法律法规及团组织、志愿者组织的相关规定。

（2）每名注册志愿者根据个人意愿至少选择参加一个志愿服务项目或活动，每年参加志愿服务时间累计不少于 20 小时。

（3）履行志愿服务承诺，完成志愿服务任务，传播志愿服务理念。

（4）自觉维护团组织、志愿者组织和志愿者的形象。

（5）在志愿者职责范围内，自觉维护服务对象的合法权益。

（6）自觉抵制任何以志愿者身份从事的营利活动或其他违背社会公德的活动及行为。

（7）依法应当承担的其他义务。

做一做

有感情地读出以下志愿者誓词：

我愿意成为一名光荣的志愿者。我承诺：尽己所能，不计报酬，帮助他人，服务社会，践行志愿精神，传播先进文化，为社会进步贡献力量！

四、志愿者的自我修养

（一）服务心态——志愿者的三种动机

志愿者参与志愿服务活动的动机有以下三种：

（1）自我取向，即看重个人学习与成长，期望获得内在的满足感。

（2）人际取向，即看重他人和团队的影响，期望结交更多朋友。

（3）情境取向，即主动承担社会责任，期望获得社会的认可。

（二）自我期待——志愿者的三重境界

做志愿者有三重境界：

（1）第一重：帮助他人，使自己快乐。在帮助他人后，看到他人快乐，自己也因此获得快乐。这是志愿者最深刻、最直接的感受。

（2）第二重：关心他人，服务社会。不论身在何处，都会时刻关注身边需要帮助的人，为他们提供帮助，服务社会。

（3）第三重：传递爱心，传播文明。关怀他人，将“爱心”和“文明”传递给更多的人，最终汇聚成一股强大的社会暖流。

（三）自我提高——志愿者的素质要求

对服务对象而言，志愿者要有爱心、有耐心，言而有信、善于聆听，保护对方的隐私。

对志愿工作而言，志愿者要善用时间、灵活多变、积极主动、有责任心、迎难而上，认真履行服务承诺，尽职尽责完成工作。

对志愿者组织而言，志愿者要服从上级安排，虚心听从组织意见，富有团队精神，诚实守信。

探究与分享

小刘：做志愿者真的是一件很有魅力的事情。因为我经常陪伴家里的老人，对老人有一种天然的亲近感，所以我很喜欢去养老院参加志愿服务活动。尽管在养老院有时候很难听懂一些老人说的方言，但为他们服务，我能感到踏实与快乐。

小朱：有一天，我突然发现认识很久的朋友一直在宣传反诈骗知识，并为有需要的人提供法律援助。他是一位默默无闻的志愿者，当我问他为什么要做这些事时，他说：“能帮助他人，我觉得很有意义。”

结合自身感受，谈谈你对做志愿者的理解。

五、志愿者标志与志愿者日

中国青年志愿者标志（俗称“心手标”，见图 8-2）的整体构图为心的造型（红色），又是英文“volunteer”的第一个字母“v”，图案中央是手的造型（白色），也是鸽子的造型。该标志的寓意为中国志愿者向社会上所有需要帮助的人们奉献一片爱心，伸出友爱之手，表达“爱心献社会，真情暖人心”和“团结互助、共创和谐”的主题。

图 8-2　中国青年志愿者标志

每年 3 月 5 日是中国青年志愿者服务日，12 月 5 日是国际志愿者日。

02 第二讲　参加志愿服务

志愿服务（见图 8-3）是指个人或非政府组织基于道义、良知、慈善和责任而自愿奉献时间和精力，不以物质报酬为条件，利用自身的知识、技能或财力，为社会及他人尤其是困难群体提供各种形式的公益性服务行为和活动。它是一种由内在的精神动力所支持的活动，是每个人实现个人价值和社会价值的渠道之一。

图 8-3　志愿服务

《志愿服务条例》第三条规定："开展志愿服务，应当遵循自愿、无偿、平等、诚信、合法的原则，不得违背社会公德、损害社会公共利益和他人合法权益，不得危害国家安全。"

一、志愿服务的特征

志愿服务具有自愿性、无偿性、公益性和组织性四个特征。

（一）自愿性

志愿服务必须是个人自愿参加的。相关组织可以通过各种方式动员志愿者，但应让志愿者在没有任何压力的情况下自愿参加志愿服务。强制参与、强制奉献、募集摊派等都不符合自愿性原则。

（二）无偿性

志愿服务属于无偿行为。志愿者不应向服务对象收取或者变相收取报酬，也不得接受服务对象的捐赠。但是，志愿者组织为志愿者提供交通补贴和午餐补贴等不影响志愿服务的无偿性。

（三）公益性

志愿服务必须指向公共利益。营利行为不属于志愿服务，偶发的帮助行为、基于亲缘或友谊的帮助行为、针对特定个人的帮助行为和互益互助的行为也不属于志愿服务。

（四）组织性

志愿服务体现的是一种人与人之间的社会关系，是在一定的公共空间和特定人群中进行的他助或互助活动，一般都以有组织的、公开的、社会化的形式开展。志愿服务组织可以采取社会团体、社会服务机构、基金会等组织形式。

知识链接

蓝天救援

蓝天救援成立于2007年，是中国民间专业、独立的纯公益紧急救援机构，在全国31个省、自治区、直辖市设有授权队伍，在全国拥有30 000余名经过专业培训和认证的志愿者。蓝天救援的服务范围覆盖生命救援、人道救助、灾害预防、应急反应能力提高、灾后秩序恢复等多个领域。蓝天救援的标志如图8-4所示。

图8-4　蓝天救援的标志

（资料来源：http://bsr.net.cn/，有改动）

二、志愿服务的分类

根据服务内容不同，志愿服务可分为扶贫济困、助老助残、社区服务、生态建设、抢险救灾（见图8-5）、社会管理、文化建设、西部开发、海外服务等。

图8-5　抢险救灾

根据组织形式不同，志愿服务可分为以下三类：

（1）以国家政策为导向的志愿服务，如大学生志愿服务西部计划、大学生志愿服务苏北计划等。这类志愿服务一般持续时间较长，往往要求志愿者具备特定的资格条件。

（2）由政府职能机构等组织的官方志愿服务，如亚运会、世博会、奥运

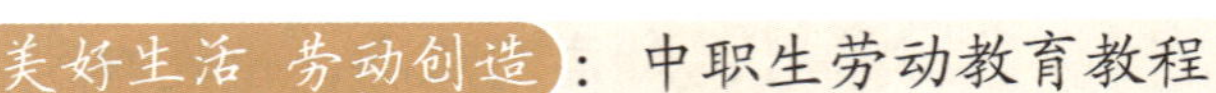

会期间的志愿服务（见图 8-6）。这类志愿服务主要以赛事、会议等活动为载体，涉及面广，持续时间短，服务者多是临时招募的。

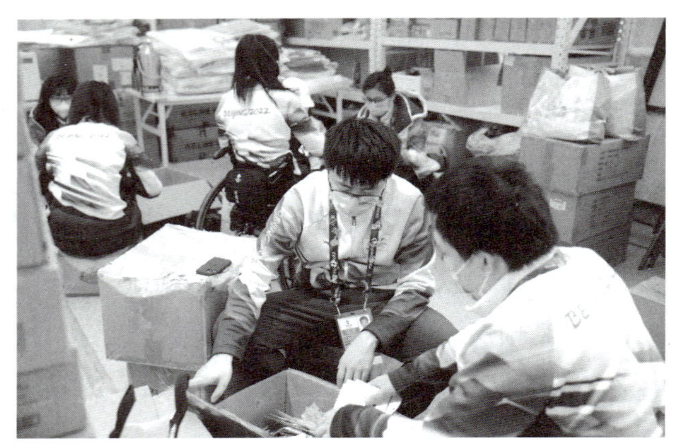

图 8-6　奥运会期间的志愿服务

（3）由民间组织开展的志愿服务，如公益协会开展的爱心助学活动、绿色环保活动等。这类志愿服务面向不同的群体，持续时间长短不一。

帮助他人，温暖自己

为引导学生培养爱国、爱家乡的情感和乐于助人的奉献精神，2021 年 10 月 23 日，南县职业中等专业学校组织学校师生开展了校外志愿服务活动。

第一批志愿者来到了罗文村景区，在罗文美食街、游客中心等地清理白色垃圾（见图 8-7），向罗文村主干道沿线的居民发放文明卫生清单。景区内的游客看到后纷纷称赞，同学们自豪地说：“建设美丽家乡，我们在行动！”

图 8-7　清理白色垃圾

第二批志愿者来到了检察院前面的十字路口，将未摆放好的自行车一一摆放整齐，对未按交通信号灯过马路的群众耐心劝导；当志愿者扶着年迈的老人、稚嫩的孩童过马路时，大家脸上都洋溢着幸福的笑容，展现出这座城市文明、和谐的良好风貌。

志愿服务活动是中职学校德育工作的重要载体，南县职业中等专业学校将进一步加强校外志愿服务基地的建设，引领广大学子奉献社会，共创美好城市。

（资料来源：http://www.yyrtv.com/newsDetail-551295.html，有改动）

三、志愿精神

志愿精神可以概括为奉献、友爱、互助、进步。志愿精神与中国传统文化一脉相承，与社会主义核心价值观相契合。

（一）奉献

奉献即不求回报地付出。奉献精神是志愿精神的精髓。志愿者在不计报酬、不求名利、不要特权的情况下参与推动人类发展、促进社会进步的活动，体现了高尚的奉献精神。图 8-8 是奉献中的志愿者。

图 8-8 奉献中的志愿者

（二）友爱

志愿精神提倡志愿者尊重他人、欣赏他人、与人为善。志愿者的爱跨越了国界、职业差异和贫富差距，是没有文化差异、没有民族之分、没有收入高低之分的平等之爱，它让社会充满温暖。

志愿精神

（三）互助

志愿精神提倡互相帮助、助人自助。志愿者凭借自己的双手、头脑和爱心开展各种志愿服务活动，帮助那些处于困难和危机中的人们。同时，志愿者以实际行动唤醒了许多人内心的仁爱和慈善。在志愿服务过程中，服务对象得到了帮助和关爱，志愿者的内心得到了满足，能力得到了提高，这种互助使得社会更加和谐稳定。

（四）进步

志愿者通过参与志愿服务，使自己的能力得到提高的同时，也促进了社会进步。志愿服务活动中，无处不体现着进步精神。在进步精神的驱使下，人们不求回报，甘心付出。

QINGCHUN 青春风采 FENGCAI

将志愿精神熔铸于青春生命

“对人来说，最大的欢乐、最大的幸福是将自己的精神力量奉献给他人。”哪里有需要，哪里就有青年志愿者的身影。青年志愿者通过各种志愿服务形式表达着对社会大家庭的爱，他们如同春天盛开的花朵，为社会带来持久的芳香。在奉献、友爱、互助、进步的志愿精神感召下，青年志愿者群体在不断扩大。

志愿精神何以有如此“魔力”？这在于，志愿精神实现了中华民族传统美德和时代精神的有机融合，是对雷锋精神的传承。这在于，弘扬志愿精神实现了彰显社会责任感和增强个人获得感的有机统一，越来越多的青年将弘扬志愿精神作为自己的时尚“标配”和青春特质。

参与志愿服务的青年能深切地体会到：志愿服务如同“银行”，投入的精力越多、投入的时间越长，回报率就越高，精神“红利”也就越丰厚，而“银行”中所储存的最为宝贵的财富是内化于心、融入血脉的志愿精神。在志愿精神的激励下，青年志愿者可以点亮青春的“指明灯”、提升青春的

“能力值”、练就青春的“宽肩膀”。

“我只想拥有一缕春风，你却给了我整个春天。”志愿精神就是可以让我们拥有“整个春天”的那抹亮丽色彩。这就是志愿精神的“倍数效应”。将志愿服务当作一种生活方式、生活习惯，将志愿精神当作一种工作态度、价值追求，积极投身新时代文明实践中心建设，将平凡的事情做成不平凡的事业，就能深切感受到生活的幸福感、事业的成就感和价值的认同感，就能创造精彩的人生。

将志愿服务当作我们的青春伴侣。要保持一以贯之的真情，带着一分纯真、一分纯粹投身志愿服务；要保持一以贯之的激情，努力做到“待志愿服务如初恋”；要保持一以贯之的痴情，不管遇到什么样的艰难险阻，都始终做到不离不弃。

（资料来源：http://news.youth.cn/jsxw/202004/t20200416_12288686.htm，有改动）

四、志愿服务须知

（1）应加入社会和学校认可的志愿服务组织，避免上当受骗。

（2）不同的志愿服务项目对志愿者的要求不同，在选择具体志愿服务项目时，志愿者应适当考虑自己的专业、特长，或者加入那些重视志愿者培训工作的志愿服务组织，同时做好充足的心理准备和技能准备。例如，在进行志愿服务前，深入农村的志愿者必须先参加相关培训，了解农村习俗和农业知识；到边远地区支教的志愿者必须学习教学方法、沟通技巧，掌握丰富的知识和多样的技能；向社会弱势群体伸出援手的志愿者，应设身处地为弱势群体着想，运用自己所掌握的技能提供最贴心的服务。

（3）在参与志愿服务的过程中，应弘扬志愿精神，全身心投入志愿服务活动，坚守岗位，认真负责，积极主动，热心、细心、耐心地为服务对象提供服务，为社会贡献自己的力量。

实践活动——“青春志愿行　奉献新时代”志愿服务活动

奉献是一种能力、一种美德、一种幸福。只有当我们真正投身于志愿服务时，才能体会到“奉献、友爱、互助、进步”的深刻内涵，感受到“赠人玫瑰，手有余香”的美好。

4～8 人为一组，以小组为单位，利用课余时间开展“青春志愿行　奉献新时代”志愿服务活动。要求：服务内容自行确定；以视频的形式记录服务过程，并对视频进行简单包装；将包装后的视频上传至社交平台。

活动记录

活动开展计划：

活动开展难点及解决方案：

心得体会（500 字以上）：

学习成果评价

请进行学习成果评价，并将评价结果填入表 8-1 中。

表 8-1　学习成果评价表

<table>
<tr><td>班级</td><td colspan="2"></td><td>姓名</td><td></td><td>学号</td><td></td></tr>
<tr><td rowspan="2">评价项目</td><td colspan="3" rowspan="2">评价内容</td><td rowspan="2">分值</td><td colspan="2">评分</td></tr>
<tr><td>自我评分</td><td>教师评分</td></tr>
<tr><td rowspan="5">知识
40%</td><td colspan="3">志愿者的基本条件和注册志愿者的程序</td><td>8</td><td></td><td></td></tr>
<tr><td colspan="3">志愿者的权利与义务</td><td>8</td><td></td><td></td></tr>
<tr><td colspan="3">志愿者的自我修养</td><td>8</td><td></td><td></td></tr>
<tr><td colspan="3">志愿者标志与志愿者日</td><td>8</td><td></td><td></td></tr>
<tr><td colspan="3">志愿精神和志愿服务须知</td><td>8</td><td></td><td></td></tr>
<tr><td rowspan="3">技能
40%</td><td colspan="3">具备开展志愿服务的相关技能</td><td>15</td><td></td><td></td></tr>
<tr><td colspan="3">能通过志愿服务帮助他人</td><td>15</td><td></td><td></td></tr>
<tr><td colspan="3">视频制作精美</td><td>10</td><td></td><td></td></tr>
<tr><td rowspan="4">素养
20%</td><td colspan="3">具备志愿精神</td><td>5</td><td></td><td></td></tr>
<tr><td colspan="3">具备团队精神，能够积极与他人合作</td><td>5</td><td></td><td></td></tr>
<tr><td colspan="3">积极、认真参加实践活动</td><td>5</td><td></td><td></td></tr>
<tr><td colspan="3">具备良好的学习态度</td><td>5</td><td></td><td></td></tr>
<tr><td colspan="4">合计</td><td>100</td><td></td><td></td></tr>
<tr><td colspan="4">总分（自我评分×40%+教师评分×60%）</td><td colspan="3"></td></tr>
<tr><td>自我评价</td><td colspan="6"></td></tr>
<tr><td>教师评价</td><td colspan="6"></td></tr>
</table>

模块九
社会实践，锻炼技能

社会实践是学校教育的延伸，也是学生接触社会、了解社会的重要途径。学生投身社会实践，不仅能够提高思想觉悟、增强服务意识、促进身心健康，还能够将理论知识与实际应用结合起来，达到知行合一、学以致用的目的。

实践出真知，实践长真才。学生应在实践中学习，在实践中成长，用实际行动书写无悔青春。

知识目标

- ✧ 了解实习的分类。
- ✧ 掌握岗位实习单位和岗位实习协议的相关知识。
- ✧ 熟悉做好岗位实习工作的要求。
- ✧ 了解常见的假期兼职陷阱及其防范措施。
- ✧ 了解“三下乡”社会实践的内涵与意义。
- ✧ 熟悉“三下乡”社会实践的形式、流程和安全须知。

素质目标

- ✧ 积极投身社会实践，在实践中历练自己，做到有所学、有所感、有所悟。
- ✧ 通过学习“三下乡”社会实践的相关内容，感悟“实践出真知”的道理。

课堂导入

学生实习心得

某学校近期开展了实习总结研讨会，各专业学生代表踊跃发言，分享自己的实习心得。

实习心得一：

我是会计事务专业的学生王亚。为期两个月的实习结束了，我收获颇丰。以前，我认为自己的理论知识掌握得很扎实，实习时不会遇到难题。但是在实习过程中，我发现会计工作的实操性很强，做好会计工作仅靠理论知识是远远不够的。好在实习过程中，有许多同事耐心地帮助我。

在实习的这两个月中，我熟悉了会计工作的基本流程，掌握了记账、核算工资、编制资产负债表及使用打印机等多项技能，也初步掌握了不少为人处世之道。通过这次实习，我认识到了实践的重要性。

实习心得二：

我是机械加工技术专业的学生涂杰。实习期间，我被分配到加工车间，从事机械零件加工工作。在这三个星期的实习过程中，我学会了如何使用机床、夹具、量具等加工机械零件，初步掌握了典型机械零件的加工工艺。

这次实习让我受益匪浅，也使我认识到新时代学生不仅要掌握扎实的理论知识，还要投身实践；只有身处一线工作岗位，才能站在时代发展的前沿，把握时代发展的脉搏，进而成长为合格的社会主义接班人。

【想一想】

（1）你参加过实习吗？

（2）你认为实习对学生有哪些帮助？

01 第一讲 参加岗位实习

实习是学生积累社会经验的重要途径，有利于培养学生的沟通能力、适应能力和解决问题的能力。学生应充分把握在校期间的实习机会，大胆尝试，不断积累实践经验，以增强自己未来求职的竞争力。

一、实习的分类

根据不同的标准，实习可分为不同的类型。根据实习地点不同，实习可分为实地实习和远程实习；根据组织形式不同，实习可分为集体实习和分散实习；根据实习工作内容不同，实习可分为认知实习、岗位实习。下面主要介绍认知实习和岗位实习。

（1）认知实习（见图 9-1）是指学生由学校组织到实习单位参观、观摩和体验，形成对实习单位和相关岗位的初步认识的活动。

图 9-1 认知实习

（2）岗位实习是指具备一定实践岗位工作能力的学生，在专业人员指导下，辅助或相对独立参与实际工作的活动。

知识链接

实习的意义

实习对学生意义重大，主要体现在以下几个方面。

1. 明确职业目标

许多学生对自己将来要从事的工作没有系统的认识，也没有清晰的职业规划。通过实习，学生可以充分认识自身的能力水平与岗位需求之间的差距，找准职业定位，明确职业目标，从而提高专业技能水平。

2. 增强实践能力

“一说就会，一做就废”现象在学生中较常见。部分学生在掌握一定的理论知识后，极少有机会将其运用于实践，导致理论和实践严重脱节。在实习过程中，学生可以亲自动手操作，在真实或仿真情境下反复试验，不断增强实践能力。

3. 丰富人生阅历

对于大部分学生来说，步入社会的第一步就是找到一份工作。然而在求职的道路上，很多学生因为没有工作经验、缺乏社会阅历而与心仪的工作失之交臂。工作经验和社会阅历是学生在课堂上学不到的，但是它们蕴含在实习中。通过实习，学生能够开拓视野，丰富人生阅历，进而缩短毕业后适应社会的时间。

二、岗位实习单位

（一）确定岗位实习单位

根据《职业学校学生实习管理规定》，职业学校学生进行岗位实习可由学校安排实习单位，也可经学校批准自行选择实习单位。

学生自行选择岗位实习单位时要注意考察单位的资质、诚信状况、管理水平、工作环境及健康保障、安全防护条件等，选择合法经营、管理规范、设施设备完善、符合安全生产法律法规要求的岗位实习单位。

此外，学生自行选择岗位实习单位，必须向学校提出书面申请，填写

“自主选择岗位实习单位申请表”，如表 9-1 所示。

表 9-1　自主选择岗位实习单位申请表（示例）

<table>
<tr><td>姓名</td><td></td><td>性别</td><td></td><td>专业班级</td><td></td></tr>
<tr><td>学号</td><td></td><td>联系电话</td><td></td><td>电子邮箱</td><td></td></tr>
<tr><td>实习单位</td><td colspan="2"></td><td>实习单位地址</td><td colspan="2"></td></tr>
<tr><td>实习单位
联系人</td><td></td><td>实习单位
联系电话</td><td></td><td>实习时间</td><td></td></tr>
<tr><td colspan="6">自主选择实习单位申请书（可以附后）

申请人（签字）：
年　月　日</td></tr>
<tr><td colspan="6">学生承诺：
本人在实习期间将严格要求自己，遵守国家法律法规和学校及实习单位的各项规章制度，按照实习计划完成实习任务。在实习期间，注意人身安全和生产安全，对自己的行为和安全负责；每周定期主动与班主任保持联系，按时完成实习总结报告。实习结束后，按时返校报到。
学生签名：
年　月　日</td></tr>
<tr><td colspan="2">家长意见</td><td colspan="4">（是否同意该生自己联系实习单位）

家长（签字）：
年　月　日</td></tr>
<tr><td colspan="2">实习单位意见</td><td colspan="4">（是否同意接收该生实习）

年　月　日（盖章）</td></tr>
<tr><td colspan="2">班主任意见</td><td colspan="4">（是否同意该生自己联系实习单位）

班主任（签字）：
年　月　日</td></tr>
<tr><td colspan="2">学生所在院系意见</td><td colspan="4">（是否同意该生自己联系实习单位）

年　月　日（盖章）</td></tr>
</table>

注：此表一式三份，填好后由学生、班主任（辅导员）、学生所在院系各留存一份。

劳动小贴士

根据《职业学校学生实习管理规定》，学生自行选择符合条件的岗位实习单位，应由本人及其法定监护人（或家长）申请，经学校审核同意后实施，实习单位应当安排专门人员指导学生实习，职业学校要安排实习指导教师跟踪了解学生日常实习的情况。

确定岗位实习单位后一般不宜更换，但在岗位实习过程中，如果学生因某些原因确实需要更换实习单位，可以向原实习单位和学校提出申请，并提交“岗位实习单位变更申请表”，如表 9-2 所示。经原实习单位和学校同意，学生才能更换实习单位，到新的实习单位继续进行岗位实习。

表 9-2 岗位实习单位变更申请表（示例）

<table>
<tr><td>姓名</td><td></td><td>性别</td><td></td><td>专业班级</td><td></td></tr>
<tr><td>学号</td><td></td><td>联系电话</td><td></td><td>电子邮箱</td><td></td></tr>
<tr><td>学生申请</td><td colspan="5">本人因____________________________________
____________________________________，
申请于______年____月____日起中止与______________________
签订的实习协议，前往______________________参加实习。
学生签名：
家长（签字）：
年 月 日</td></tr>
<tr><td>原实习单位意见</td><td colspan="5">本单位同意于______年____月____日起中止与______________________
签订的实习协议，该生此前实习成绩综合评定为_____（优、良、中等、及格、不及格）。
年 月 日（盖章）</td></tr>
<tr><td>班主任意见</td><td colspan="5">（是否同意该生更换实习单位）
班主任（签字）：
年 月 日</td></tr>
<tr><td>学生所在院系意见</td><td colspan="5">（是否同意该生更换实习单位）
年 月 日（盖章）</td></tr>
</table>

注：此表一式三份，填好后由学生、原实习单位、学生所在院系各留存一份。

（二）了解岗位实习单位的情况

确定岗位实习单位后，学生要通过各种途径充分了解实习单位的相关情况，主要包括实习单位的基本信息、企业文化、管理制度等，以提前做好相应准备，顺利开展岗位实习。

1. 了解实习单位的基本信息

实习单位的基本信息主要包括企业名称、所属行业、所处位置、经营范围、主营业务等。想要了解实习单位的基本信息，可以登录实习单位网站，查看企业简介；也可以通过阅读实习单位的宣传资料进行了解；还可以在实习单位到学校举行宣讲会时，向实习单位的宣讲人员咨询。

2. 了解实习单位的企业文化

企业文化是企业全体员工在长期的生产经营活动中形成并共同遵循的最高目标、价值标准、基本信念和行为规范，同时也是企业的灵魂和推动企业发展的不竭动力。

学生要想尽快融入实习单位，就必须先了解其企业文化、认同其企业文化。想要了解实习单位的企业文化，可以在岗位实习前登录实习单位网站，查看关于其企业文化的相关内容。此外，实习单位也会在对学生进行入职培训时宣传单位的企业文化。

3. 了解实习单位的管理制度

管理制度是企业全体员工在生产经营活动中共同遵守的规定和准则的总称，是企业赖以生存的体制基础，是员工的行为规范。学生在实习期内也是实习单位的一名员工，应该了解并严格遵守实习单位的管理制度。想要了解实习单位的管理制度，可以登录实习单位网站查阅相关规章制度，也可以向学校的指导教师或到该单位实习过的学长学姐咨询。

（三）了解实习岗位的相关要求

为了更好地完成岗位实习工作，学生应该详细了解实习岗位的相关要求，包括岗位职责、工作时间、应具备的能力要求等，以便在上岗前做好充分的心理准备和能力准备。想要了解实习岗位的相关要求，可以查阅学校下发的岗位实习工作安排，还可以向学校的指导教师或企业的指导人员咨询。

三、岗位实习协议

（一）岗位实习协议的内容

根据《职业学校学生实习管理规定》，学生参加岗位实习前，职业学校、实习单位、学生三方必须以有关部门发布的实习协议示范文本为基础签订实习协议，并依法严格履行协议中有关条款。未按规定签订实习协议的，不得安排学生实习。实习协议应当明确各方的责任、权利和义务，协议约定的内容不得违反相关法律法规。

实习协议应当包括但不限于以下内容：

（1）各方基本信息。

（2）实习的时间、地点、内容、要求与条件保障。

（3）实习期间的食宿、工作时间和休息休假安排。

（4）实习报酬及支付方式。

（5）实习期间劳动保护和劳动安全、卫生、职业病危害防护条件。

（6）责任保险与伤亡事故处理办法。

（7）实习考核方式。

（8）各方违约责任。

（9）三方认为应当明确约定的其他事项。

知识链接

实习单位与学生的权利与义务

为指导和规范职业学校学生岗位实习工作，提升人才培养质量，维护学生、学校和实习单位三方的合法权益，根据《中华人民共和国民法典》《职业学校学生实习管理规定》（2021 年修订）等相关法律法规，教育部会同国家市场监督管理总局制定了《职业学校学生岗位实习三方协议（示范文本）》。其中，关于实习单位、学生的权利与义务的部分内容如下。

1．实习单位权利与义务的部分内容

按照协议规定的时间和岗位为学生提供实习机会，所安排的工作要符合

法律规定且不损害学生身心健康；不得仅安排学生从事简单重复劳动。为学生提供劳动保护和劳动安全、卫生、职业病危害防护条件。落实法律规定的反性骚扰制度，不得体罚、侮辱、骚扰学生，保护学生的人格权等合法权益。

除相关专业和实习岗位有特殊要求，并事先报上级主管部门备案的实习安排外，应当保障学生在岗位实习期间按规定享有休息休假、获得劳动卫生安全保护、接受职业技能指导等权利，并不得有以下情形：

（1）安排学生从事高空、井下、放射性、有毒、易燃易爆，以及其他具有较高安全风险的实习。

（2）安排学生在休息日、法定节假日实习。

（3）安排学生加班和上夜班。

不得向学生收取实习押金、培训费、实习报酬提成、管理费、实习材料费、就业服务费或者其他形式的实习费用，不得扣押学生的学生证、居民身份证或其他证件，不得要求学生提供担保或者以其他名义收取学生财物。

2．学生权利与义务的部分内容

遵守学校和实习单位的实习要求、规章制度、实习纪律及实习三方协议，认真实习，完成实习方案规定的实习任务，撰写实习日志，并在实习结束时提交实习报告；不得擅自离岗、消极怠工、无故拒绝实习，不得擅自离开实习单位。

在签订协议时，应将实习情况告知法定监护人（或家长），并取得法定监护人（或家长）签字的知情同意书作为协议的附件。

严格按照实习单位的安全规程和操作规范开展工作，爱护设施设备，有安全风险的操作必须在专门人员的指导下进行。保守实习单位的商业、技术秘密，保证在实习期间及实习结束后不向任何第三方透露相关的资料和信息。

个人权益受到侵犯时，应及时向学校和实习单位投诉。学生认为实习单位安排的工作内容违反法律或相关规定的，应立即告知学校，并由学校协调处理。

（资料来源：http://www.moe.gov.cn/srcsite/A07/moe_737/s3876_qt/202201/t20220121_595529.html，有改动）

（二）签订岗位实习协议的注意事项

签订岗位实习协议前，学生要仔细阅读岗位实习协议，逐项审查以下内容：

签订岗位实习协议的注意事项

（1）岗位实习单位的基本信息，包括单位名称、地址、法定代表人或指定负责人等，是否与之前所了解的一致。岗位实习单位的法定代表人或指定负责人是否是有效主体。

（2）实习时间和内容是否与学校的安排一致，实习地点是否与之前所商议的一致，实习期间的食宿安排是否合理。

（3）协议中约定的实习工作时间和休假安排是否符合相关法律法规的规定。

（4）协议中是否明确约定了实习报酬及支付方式。

（5）协议中是否明确了工伤、意外伤害等的责任承担方和保险承担方。

签订岗位实习协议前，对于岗位实习协议中的条款一定要弄清楚，如果发现有含糊不清或对自己不利的条款，一定要及时指出并要求修改，避免签订“不全协议”“模糊协议”等。此外，学生自行选择岗位实习单位的，事先与实习单位商议的协议内容，一定要写入岗位实习协议，切不可只达成口头协议。

四、做好岗位实习工作

学生在岗位实习初期、中期和结束时，都应做好相应的实习工作。

（一）岗位实习初期

（1）熟悉环境，不做局外人。进入岗位实习单位后，应尽快熟悉环境，详细了解岗位实习单位的有关规章制度、人事结构，以及岗位配套的各种设备、工具的用法。

（2）熟悉专业术语。如果对同事提及的专业术语不了解，就应第一时间请教他人或查阅相关资料，做到心中不留疑问。

（3）多听、多想、多学。凡事多留心，少说多做，抓紧时间充实自己，对实习的内容和流程了然于胸。

（二）岗位实习中期

（1）严于律己。遵守职业学校的实习要求和岗位实习单位的规章制度、实习纪律及实习协议，爱护岗位实习单位设施设备，完成规定的实习任务，撰写实习日志。

（2）勇于担当。遇到问题时，先自己想办法解决；如果无法解决，再寻求帮助。此外，还应保质保量按时完成既定的工作，积极主动寻求新任务。

（3）笃行不忘笃学。学会回顾工作、总结经验、反思不足。认真思考实习的重点环节是什么，自己在工作中存在哪些问题，如何提高自己的思维能力，如何优化自己的工作方法，如何避免出错，如何更好地应对突发状况，等等。

（三）岗位实习结束

（1）请岗位实习单位开具实习证明。在岗位实习结束时，学生应请岗位实习单位出具一份实习证明并签字盖章，实习证明中应写明学生所在的实习岗位、在实习期内完成的工作任务、实习评价等。

（2）编写实习报告。为更好地指导今后的实习与工作，在实习结束后，学生应及时进行实习总结，编写实习报告。

02 第二讲 进行假期兼职

寒暑假期间，许多学生都会做兼职（如发传单，见图 9-2）。学生从事兼职工作，既可以锻炼自己、积累工作经验，还可以赚取一些生活费。在从事兼职工作时，学生应擦亮眼睛，谨防落入各种兼职陷阱。

图 9-2　发传单

一、假期兼职陷阱

（一）传销陷阱

不少传销组织打着“连锁销售”“特许经营”“直销”等幌子，或以“国家试点”“响应西部大开发号召”等名义，诱骗学生参加传销活动。近年来，传统传销迅速向网络传销转型，打着“电子商务”“网络直销”等旗号，利用互联网进行传销，其形式更加多样，违法行为更加隐蔽。

（二）培训陷阱

某些“骗子公司”在招聘时会以“先培训，拿证后上岗”为由，要求学生先交纳培训费、考试费、证书费等各种费用，在经过一段时间的培训后，“骗子公司”便不知去向或告知学生未通过培训考核，无法上岗。

劳动小贴士

当用人单位要求先参加培训时，学生应先在网上查看之前参加过该培训的学员的评价，评估培训质量，再决定是否参加培训。

（三）押金陷阱

某些用人单位以方便管理为由，向学生收取一定数额的押金和保证金，并承诺在工作结束后退还。然而在工作结束后，学生往往只能领到工资。有些用人单位还会在学生交过押金或保证金后，以岗位人员暂时已满为由，让学生回去等消息，接下来便再也没有消息。

（四）“黑中介”陷阱

某些“黑中介”抓住学生缺乏社会经验且求职心切的弱点，在向其收取高额中介费后却不履行承诺，不及时为其介绍合适的工作。“黑中介”的套路往往是不停地拖延，让学生耐心等待兼职机会，最后不了了之。更有一些“黑中介”四处流窜，在骗取一定数额的中介费后，就消失得无影无踪。

二、假期兼职陷阱的防范

（一）选择可靠的招聘信息来源

尽量通过学校的助学中心、信息公告栏以及教师、同学获取兼职信息。不轻易相信论坛、兼职群里的信息。

（二）选择合法的用人单位

选择用人单位时，应先查询用人单位主体资格是否合法。在主体资格不合法的用人单位工作，会面临诸多风险，如无法拿到工资、遭遇工伤事故得不到赔偿等。

知识链接

查询用人单位主体资格是否合法的方法

可以借助以下方法查询用人单位主体资格是否合法。

（1）使用国家企业信用信息公示系统查询。进入该系统，输入用人单位名称、统一社会信用代码或注册号进行搜索。如果搜索结果显示“存续（在营、开业、在册）”，表示该用人单位依法存在并正常运营；如果搜索不到相关信息，则表示该用人单位没有通过工商局进行登记注册，该用人单位要么属于非法经营，要么刚成立。

（2）使用 ICP/IP 地址/域名信息备案管理系统查询。每一个正规网站都有唯一的 ICP 备案号，其作用就是防止网站经营者从事非法活动。如果用人单位有官网，打开其官网，找到最下方的 ICP 备案号，单击 ICP 备案号即可进入 ICP/IP 地址/域名信息备案管理系统，在该系统中输入 ICP 备案号。如果查询到相关信息，则说明该网站经过备案，用人单位主体资格合法。

此外，还可以使用“天眼查”“爱企查”等商业查询平台查询用人单位的经营状况、司法风险等详细信息。

（三）对中介机构保持警惕

学生应注意查看中介机构是否具有劳动部门颁发的职业介绍许可证、人力资源服务许可证，查看其营业执照正本，了解执照上的内容是否与实际经营范围相符。最好选择有资质、信誉好的中介机构，不选择无照经营或信誉差的中介机构。

（四）拒交各类费用

用人单位以任何名义向学生收取押金、服装费、风险金、报名费、培训费等费用，都属于违法行为。如果应聘时用人单位要求交费，学生应该明确拒绝。

（五）不抵押证件

不将自己的身份证、学生证等证件抵押给中介机构或用人单位。我国法律明确规定用人单位不得扣押劳动者的证件。

（六）不去偏远地点

最好选择在学校或家附近兼职，尽量不要选择偏远的地点，如果上当受骗，可以尽快向老师、同学、家人寻求帮助。此外，面试时尽量找人陪伴，如果用人单位要求在居民楼、宾馆等不正规地点面试，应予以拒绝。

（七）尽量不到娱乐场所兼职

不到娱乐场所兼职的原因有：① 兼职具体内容可能和招聘时介绍的不

同，涉及黄、赌等违法活动；② 娱乐场所鱼龙混杂，可能有不法分子出没，人身安全难以得到保障。

03 第三讲 积极参与“三下乡”社会实践

从书本上得来的知识终究是浅薄的，只有进行社会实践，才能更了解社会，而“三下乡”社会实践活动给生活在象牙塔中的学生提供了接触社会、了解社会的机会。

一、“三下乡”社会实践的内涵与意义

1996 年 12 月，《关于开展文化科技卫生“三下乡”活动的通知》印发。1997 年，“三下乡”社会实践活动在全国正式开展。

“三下乡”是指文化、科技、卫生下乡。“三下乡”社会实践活动是各大中专院校在暑期开展的一项旨在提高学生综合素质的社会实践活动，其主要内容是学生将城市的文化、科技和卫生知识带到发展相对落后的偏远地区，向当地人传授。

文化下乡的内容主要包括图书、报刊下乡，戏剧下乡，电影、电视下乡，开展群众性文化活动；科技下乡的内容主要包括科技人员、科技信息下乡，开展科普活动；卫生下乡的内容主要包括医务人员下乡、扶持乡村卫生组织、培训农村卫生人员、参与和推动当地合作医疗事业发展。

开展“三下乡”社会实践活动既能促进先进生产力的发展，又能帮助和引导学生按先进生产力发展要求成长成才；既能传播先进文化，又能助力学生全面发展。

探究与分享

你参加过“三下乡”社会实践活动吗？具体是什么样的活动？有何收获？

二、“三下乡”社会实践的形式与流程

“三下乡”社会实践活动涉及面广，内容丰富，形式多样，既可以单人形式开展，也可以小组形式开展。一般而言，小组形式更利于实践活动的开展，也更易使实践活动取得成功。随着社会发展，“三下乡”社会实践活动的形式和内容也应有所创新，如充分利用互联网创新活动形式，结合社会热点设计活动内容，等等。

“三下乡”社会实践活动的流程具体如下：

（1）确定活动主题。确定活动主题是顺利开展社会实践活动的前提。活动主题必须联系实际，切忌空谈和夸大。

（2）拟定活动方案。确定活动主题后，必须根据该主题拟定详细的活动方案。活动方案应包括活动形式、具体活动内容及相关注意事项，活动方案的优劣关系到整个活动能否顺利开展。

（3）提出申请。向学校提出书面申请，同时上交活动方案并领取“三下乡”社会实践活动相关申请表格。

（4）开展活动。根据活动方案，在教师的指导下开展活动，确保活动安全。

（5）撰写活动总结报告。活动结束后，学生需要根据活动过程和结果，撰写并提交活动总结报告。活动总结报告的内容应包括整个活动的基本情况描述、自我评价和心得体会。

QINGCHUN 青春风采 FENGCAI

启航志愿服务队圆满完成暑期“三下乡”社会实践活动

南通开放大学中等职业学院启航志愿服务队利用暑期到南通市通州区先锋镇开展“青春心向党 建功新时代——美丽中国，先锋有我”环保启航暑期“三下乡”社会实践活动，通过实地宣传调研、理论科普、环卫体验等“研”“学”“用”的形式开展暑期社会实践活动，倡导绿色生活。

“研”——通过实地宣传调研，倡导低碳环保的“减法生活”理念，增强大家的法治意识、生态意识、环保意识、节约意识，形成崇尚生态文明、保护生态环境的良好氛围，让更多人行动起来，养成垃圾分类的好习惯，培养主人翁意识，一起为绿色发展、可持续发展做贡献。

“学”——理论科普分为宣传讲座和知识竞答两个环节。宣传讲座主要是根据前期调研情况，以宣传垃圾分类知识为主线，宣传生态保护的重要性及水资源保护、低碳环保、绿色出行等环保知识。知识竞赛主要是通过“垃圾找对家”的互动方式进行垃圾分类知识的学习巩固，并根据得分情况评选出“环保达人”，积极引导参与者争做绿色文明先锋，为建设美丽中国做贡献。

“用”——为了更好地将所学知识运用到实践中，理论学习结束后，与当地环卫处联系，开展环卫体验活动。通过环卫体验活动，积极引导、增强大家的生态文明意识，用实际行动感染和带动周边居民，营造人人遵守公共文明、自觉保护环境的氛围。

社会实践为学生培养核心价值观、提升技能、接触社会搭建了平台。学生都说参加本次社会实践对他们来说是一次难忘的经历，不仅激发了他们成长进步、奋发进取的主动性、积极性、创造性，同时也增强了他们积极建功新时代的社会责任感、使命感和紧迫感。

（资料来源：https://zzy.ntou.edu.cn/2019/1015/c381a15201/page.htm，有改动）

三、“三下乡”社会实践的安全须知

（一）实践中可能遇到的问题

在“三下乡”社会实践活动中，学生可能遇到以下问题：

（1）对当地环境不适应而突发疾病，或者被蛇、虫咬伤。

（2）不慎被盗被抢，甚至遭受人身伤害。

（3）遭遇交通事故。

（4）因接近危险设施或前往危险地段而遭受伤害。

（5）与社会不良人员发生纠纷。

（6）遭遇火灾、踩踏等突发事件。

（二）实践中各种问题的防范措施

掌握以下防范措施，能在“三下乡”社会实践活动中避免遇到上述问题：

（1）掌握基本的生理卫生常识和急救常识，随身携带常用应急药物，平时注意个人卫生。

（2）增强自卫意识，保持警惕心理；保管好个人贵重物品，遭遇偷窃、抢劫时，保持冷静，先确保人身安全，然后及时报警；尽量采取小组活动的形式，不在夜间单独活动，及时向负责人报告活动行程。

（3）增强交通安全意识，遇到交通事故时，尽快将伤者送往医院，并注意保护现场。

（4）远离危险设施，避开危险地段。如果需要接触危险设施或在危险地段活动，必须有专业人士陪同，并穿戴安全防护用品。

（5）在公共场合注意言行举止，做到克制、忍让，尽量避免与人争执。团队成员若与社会不良人员发生争吵甚至产生肢体冲突，其他成员应及时制止并报警，防止事态恶化。

（6）如果发生火灾，团队成员应有序逃生，并且及时拨打火警电话；尽量不去人员密集的地方；在公共场所或参加大型活动时，注意保护自己。

探究与分享

在“三下乡”社会实践活动中还可能遇到哪些问题？应如何防范和应对？

（三）实践注意事项

在“三下乡”社会实践活动中，应注意以下事项：

（1）出发前再次与实践地联系，确保食宿等安排妥当。

（2）出发前办理好在实践地开展活动所需的证明。

（3）出发前充分考虑可能出现的各种问题，学习各种问题的防范措施和应对技巧，熟悉当地习俗和地理环境等。

（4）团队成员应遵守纪律，听从负责人的指挥，负责人应与每名成员保持联系。

（5）团队成员应互相关心、互相帮助；遭遇突发事件时应沉着冷静，共同寻找解决办法。

实践活动——“助力乡村振兴　关爱儿童成长”暑期社会实践活动

对学生而言，“三下乡”社会实践活动是联结学校与社会的桥梁。学生参与其中，能够激发爱国热情，增强使命感。学生应主动走进广阔天地，积极参加社会实践活动，为乡村振兴贡献自己的力量。

8～10 人一组，以小组为单位，在暑假期间面向偏远地区农村留守儿童，围绕学业辅导、亲情陪伴、素质拓展、自护教育、思想引领、心理辅导等内容，开展 7 天以上的社会实践活动。要求：活动结束后，撰写实践报告，并在课堂上进行汇报。

活动记录

活动开展计划：

活动开展难点及解决方案：

实践报告的主要内容：

心得体会（500字以上）：

学习成果评价

请进行学习成果评价，并将评价结果填入表 9-3 中。

表 9-3 学习成果评价表

班级		姓名		学号	
评价项目	评价内容	分值	评分		
			自我评分	教师评分	
知识 40%	实习的分类	5			
	岗位实习单位和岗位实习协议的相关知识	10			
	做好岗位实习工作的要求	5			
	常见的假期兼职陷阱及其防范措施	8			
	“三下乡”社会实践的内涵与意义	6			
	“三下乡”社会实践的形式、流程和安全须知	6			
技能 40%	能顺利进行岗位实习	10			
	能辨别假期兼职陷阱	10			
	在实践活动中保持耐心，传递爱心，以获得留守儿童的“点赞”	10			
	实践报告有条理，主题明确，逻辑清晰，汇报时感情真挚，表达流畅	10			
素养 20%	积极投身社会实践	5			
	具备团队精神，能够积极与他人合作	5			
	积极、认真参加实践活动	5			
	具备良好的学习态度	5			
合计		100			
总分（自我评分×40%+教师评分×60%）					
自我评价					
教师评价					

参考文献

[1] 教育部职业技术教育中心研究所组编. 劳动教育读本：中职版 [M]. 北京：高等教育出版社，2021.

[2] 杨舒香，靳红，刘瑶. 中职学生劳动教育实践 [M]. 成都：电子科技大学出版社，2020.

[3] 惠均芳. 劳动教育（中职版）[M]. 西安：西安交通大学出版社，2021.

[4] 孔庆生，李晓东. 劳动教育理论与实践教程（含评价手册）（中职版）[M]. 北京：中国财政经济出版社，2021.

[5] 段福生. 劳动教育 [M]. 北京：中国人民大学出版社，2022.

[6] 刘第，张攀，文华. 中职生劳动教育 [M]. 北京：中国人民大学出版社，2021.

[7] 侯守军，张道平. 新时代劳动教育教程 [M]. 北京：机械工业出版社，2021.

[8] 潘维琴，王忠诚. 劳动教育与实践 [M]. 北京：机械工业出版社，2021.

[9] 郭明义，巨晓林，高凤林. 劳动教育箴言 [M]. 北京：中国工人出版社，2020.

[10] 朱忠义. 劳动教育与实践 [M]. 北京：北京理工大学出版社，2020.

[11] 袁国，徐颖，张功. 新时代劳动教育教程 [M]. 北京：航空工业出版社，2020.